《旬の素材と簡素な調味》

酒を呑ませる江戸前つまみ

「江戸前 芝浜」海原 大

「なべ家」で味わった江戸の粋
――はじめに

「江戸料理のお店だよ」

この仕事に就いたばかりのころ、研修先の今井良和親方（現「春草」店主）との会話のなかで初めて聞いた「江戸料理」という言葉。東京は大塚の「なべ家」の話をしたときのことでした。

その言葉に惹かれたものの、当時の自分にとって「なべ家」は格式が高すぎ、伺うことをしばらく躊躇していました。それでも数年が経ち、思い立って伺った。そのときにいただいたのが、ねぎま鍋。出汁が抜群においしかった。力強く、かつ澄み切って、醤油の香りが心地よかった。「出汁はカツオ節だけです」。給仕してくださった女将さんの言葉が忘れられません。

出汁を啜るにあたり、一定の満足を得るには昆布が不可欠と思い込んでいた若い自分には鮮烈な体験でした。なにより、その味わいは「粋」だった。「なべ家」での食事によって、自分の世界が広がった気がしました。

さらに数年後、東京の芝に自分の店を開きました。昼の定食で生計を立て、「なべ家」の主人である福田浩さんの本を見ながら、細々と江戸の料理をつくる日々をすごしていました。

そんなある日、不意に訪れたお客さまが、店に飾ってあった本を見るなり、「福田さんの本だ」とおっしゃいました。その方は福田さんとお仕事をされている筑摩書房の藤岡泰介さんでした。藤岡さんは毎週のように通ってくださり、そのうちに本書に寄稿してくださっている飯野亮一さんをお連れいただきました。

その後も何度もお越しいただいた飯野さんたちが、「小肌を天ぷらにしてほしい」とおっしゃるので、お出ししたことがありました。「これはいいね。やったほうがいいよ」と褒めていただき、小肌の天ぷらは今に至るまで当店の定番料理になりました。

この本は、そんなみなさんの教えと助けを賜りながら、私がつくった料理、なかでも酒に合う品を紹介しています。

先達のみなさんとともに、江戸前料理の世界を楽しむ日々です。

「江戸前 芝浜」**海原 大**

酒を呑ませる江戸前つまみ　もくじ

取材・執筆・編集　石田哲大
撮影　原務
デザイン　藤田康平＋古川唯衣
制作　和久綾花（グラフィック社）

「芝浜」の店主が考える「江戸前料理」の成り立ちとは

一、江戸の風土が生んだ食材

大きな河川がいくつも流れ込む江戸湾は、日本有数の漁場だった。豊富に獲れた魚介は、江戸前料理に欠かすことができない食材である。

一、全国から集まった人とモノ

幕府が開かれて人とモノが全国から江戸に集まるようになった。地方からもたらされた食材や食文化は、江戸前料理の進化に大きく寄与した。

一、限られた素材を生かす知恵

当時は素材や調味料の数が少なく、調理器具も限られていた。それでも江戸の人々は知恵を絞って簡素でありながら魅力的な料理を考案し、現代に残してくれた。

一、料理を発展させた外食文化

人々の胃袋と心を満たすために、江戸では酒場もふくめた外食業が発展した。料理屋や居酒屋がしのぎを削り、江戸・東京の料理文化はさらなる発展をとげることになった。

江戸のだし

——カツオこそが「江戸・東京の味」

日本料理のだしにはカツオ節、昆布、ニボシ、シイタケなどが使われるが、江戸ではカツオだしが一般的だった。三陸以北で採れる昆布がおもに北前船によって上方に運ばれていたために、江戸では手に入りにくかったという事情もある。ただし、一般家庭で安くないカツオ節を購入してだしをとる手間をかけていたとは考えづらく、カツオ節でだしを引いていたのは料理屋や裕福な商家などに限られていたと思われる。庶民の家庭ではそのぶん汁ものなどにだしの出る魚介をふんだんに使い、無意識のうちにうま味を補っていたのかもしれない。

【カツオだし】

「かつほぶし」という言葉は、室町時代の資料に登場し、寛永20年（1643年）の料理書『料理物語』には「かつほ」を用いてだしをとる工程が載っている。江戸時代初期に流通していたカツオ節は焙乾が終わった状態の「荒節」やその表皮を削りととのえた「裸節」だったと思われるが、享保年間（1816〜36年）のころには、裸節にカビ付けする方法が生み出された。これによって長期間品質が保持できるようになり、カツオ節の普及をあと押しした。「江戸前 芝浜」では、カツオだしだけを使った骨太な「江戸・東京の味」を再現している。

「江戸前 芝浜」流

カツオだし

❶鍋に水5ℓを張って沸かし、火を止める。
❷カツオの削り節35gをくわえて再度火にかけ、アクを引く。
❸そのまま計3分くらい煮出す。濾す。
※時間は目安。分量も使用するカツオ節によって調整する。

江戸の調味料

——簡素な調味で洗練された味わい

江戸時代に使えた調味料の種類は限られていた。味噌と酢、酒がおもだったところで、中期以降に醤油が普及する。塩は不純物が混じった粗製で、いまのように手軽に用いることはできなかったようだ。ミリンが調味料として用いられるようになったのは、江戸時代後期。砂糖も同様で、かつ高価だったために使われることは少なかった。必然的に当時の調味はいたって簡素だった。しかしながら、そのそぎ落とされた淡麗な味わいは、いまの感覚からすると都会的で洗練されているように感じられる。くわえて江戸の人々は手に入る材料を組み合わせて独自の調味料を生み出し、現代にはない洒落た味を楽しんでいた。

【味噌】

「手前味噌」という言葉があるとおり、味噌は古くは自宅で造られていた。専門店ができて売買されるようになったのは、江戸時代に入ってからのようだ。醤油が普及する以前は、味噌がもっとも一般的な調味料だったと思われる。日本中の人々が集まる江戸には各地の味噌が伝わったが、人気があったのは地元である江戸で造られた味噌だった。将軍家の出身地である三河の味噌と上品な京都の白味噌の特色を兼ね備えた味噌として開発されたもので、塩分が少なく、麹の甘みがしっかり感じられるという特徴があった。「江戸前芝浜」では「東京江戸味噌」(日出味噌醸造元)の「江戸味噌」と「江戸甘味噌」(写真)の2種類をおもに使用。前者は味の基礎となる調味料として鍋ものや汁ものに、後者はそのまま食べてもおいしいので、田楽味噌に仕立てるほか、ぬたなどの料理に用いる。

【酒】

江戸でも酒はそのまま飲むだけでなく、調味料として用いられていた。当時の酒は火入れしていないので、品質が変化しやすく、飲めなくなった酒を調味料に使いまわしていたこともあったようだ。水の代わりに酒でだしをとることもあり、これは「だし酒」と呼ばれた。地域によっては水質が悪かったので、酒でだしをとっていたともいわれる。酒を大量に使う玉子焼き（142頁）に象徴されるように、「江戸前芝浜」の料理にとって酒は欠かせない調味料。甘みが少ない本醸造酒を惜しみなく使い、豊かな香りとほのかな甘みを出している。

【醤油】

江戸時代初期に江戸で出まわっていた醤油はおもに紀伊や播磨から下った高級品だった。銚子で創業した「ヒゲタ」を皮切りに関東各地で醤油が造られると、価格が下がって一般にも普及するようになる。これらの醤油は関西の薄口に対し、江戸の人々の嗜好に合わせて小麦を大量に使う濃口が主流。蕎麦のつゆやウナギのタレに代表される「江戸・東京の味」の基礎となる。

〈醤油以前の万能調味料〉

煎り酒――洗練された風味の万能調味料

刺身に添える調味料は時代とともに変遷している。室町時代にはタデの葉、ショウガ、ワサビの風味をつけた酢を用いることが一般的だったが、後期になると「煎り酒」が登場する。とはいえ、この煎り酒は決まったつくり方があるわけではない。前出の『料理物語』には酒に梅干しとカツオ節、少量のたまり醤油をくわえて煮詰める方法が載っているが、梅干しの代わりに酢を入れたり、たまり醤油の代わりに塩をくわえたりする方法も残っている。当時は酒を下地にした調味料の総称としてとらえられていたのかもしれない。現代では魚種に限らず醤油とワサビを刺身に添えることが多いが、淡白な味わいの白身魚には煎り酒を合わせたほうがその風味が生きるだろう。淡麗な風味が持ち味である煎り酒は、現代でも十分につうじる洗練された万能調味料といえる。

「江戸前 芝浜」流 煎り酒

❶酒（本醸造）500㎖を煮切る。
❷①に梅干し2個とカツオ節10gくらいを浸けて2〜3日おく。
※甘みがほしい場合は酒を煮切ったあとにさらに煮詰める、刺身に添えるときは醤油をくわえるなど、用途によって適宜調整する。

煮貫き――味噌に手間をくわえた液体調味料

「江戸味噌」を水で溶いたものが「垂れ味噌」。それを大量の酒と合わせて煮詰め、カツオの風味をくわえたものが「煮貫き」である。醤油が普及する以前には垂れ味噌は煮ものなどの調味に、煮貫きはそばつゆなどに用いられていたようだ。本書では「豚鍋」（116頁）に添えているが、東京の蕎麦店、蕎麦割烹店で煮貫きとともに蕎麦を提供すれば、食べ手の印象が大きく変わるだろう。

「江戸前 芝浜」流 煮貫き

❶「江戸味噌」220gと水630㎖を混ぜ合わせて火にかけ、2割くらい煮詰める。布で濾す。
❷酒300㎖をくわえ、1時間くらい弱火で加熱してアルコールをとばす。
❸カツオ節20gをくわえ、3分煮出す。布で濾す。ひと晩おいて味をなじませる。

本書を利用するにあたって

・調味料の分量は目安です。適宜、按配してください。
・醬油は濃口醬油、酒は本醸造酒を使っています。
・ことわりがなければ、カツオ節は削り節を使っています。
・味噌は「東京江戸味噌」（日出味噌醸造元）の「江戸甘味噌」と「江戸味噌」を使い分けています。材料欄ではそれぞれ「江戸甘味噌」、「江戸味噌」と表記し、それ以外を使用している場合は「味噌」としています。
・豆腐は1丁300gのものです。ことわりがない場合は、絹・木綿のどちらを使っても構いません。
・「女将のおすすめ」では「江戸前 芝浜」の女将である戸内志摩子氏が東京産を中心に酒を紹介しています。組み合わせは一例なので、ご自身でも相性のいい酒を探してみてください。

20の素材で味わう「江戸の旬」

ほとんどの食材が一年をとおして手に入る現代とちがい、江戸時代にはその時どきにしか食べられない味があった。だからこそ江戸の人々は盛りの素材を我先にと買い求めて味わい、「食」をつうじて季節の移ろいを楽しんだ。本章の季節感あふれる料理をあてに酒を飲めば、彼らの風情ある生活を追体験できるだろう。

20の素材で味わう「江戸の旬」

春

白魚が知らせる春の訪れ

佃島で白魚が揚がると、
江戸に本格的な春が訪れた。

旧暦4月ごろには
江戸っ子が大好きな
初鰹も出まわる。

そして、お花見。
江戸の人々は隅田川の堤や上野の山、
王子の飛鳥山などに出かけて、
桜の花を愛でながら
酒と肴を楽しんだ。

広重『江戸名所』御殿山花盛、山田屋（国立国会図書館デジタルコレクション）を加工して使用

春 江戸の旬

初がつお
〈初鰹〉

回遊魚であるカツオは黒潮にのって九州の南から関東にやってくる。春になると脂がのりはじめ、相模湾沖で獲れていた。これが「女房を質に入れてでも食べたい」といわれた「初ガツオ」。春先になると振り売りの魚屋が長屋の入口まで売りにきていた。天明年間（1781〜89年）のころはかなり高価だったが、1800年代には庶民でも求めやすい価格に落ち着いたようだ。

江戸っ子が好んだ初ガツオを銀皮造りにしました。夏にかけて型が大きくなると皮が硬くなってしまうので、春から初夏ならではの仕立てですね。皮を残すと皮と身の間に薄く入っている脂も食べられます。酢を効かせた大根おろしで、こくのあるカツオの味を引き出す感覚です。また、当時はワサビやショウガでなく、カラシで刺身を食べることが一般的でした。魚の味を引き締めるキリッとした辛みが新鮮に感じられるのではないでしょうか。

鰹の銀皮造り おろし酢かけ

材料（つくりやすい分量）

《鰹の銀皮造り》
カツオの腹身……半尾分
《おろし酢》
ダイコン……400g
塩……15g
酢……100㎖
大葉……5枚
ミョウガ……1／2本
ショウガ……5g
《仕上げ》
練りガラシ……適量

つくり方

《鰹の銀皮造り》
カツオをさばいて腹側の身をサクに取り、皮付きのまま縦に切れ目を入れながら厚さ5㎜の平造りにする。
《おろし酢》
すりおろしたダイコン、塩、酢、きざんだ大葉とミョウガ、せん切りにしたショウガを混ぜ合わせる。
《仕上げ》
鰹の銀皮造りをおろし酢と交互に重ねて器に盛る。練りガラシを添える。

親方のこぼれ話　当時は冷蔵庫がありませんから朝に揚がったカツオは刺身で食べ、2日目以降はゆでて「なまり節」にしたはずです。これをキュウリなどの野菜と一緒に酢で和えれば立派な酒肴になります。

初ものならではの
銀皮造りを
おろし酢と
カラシで
さっぱりと

女将のおすすめ

カツオは独特な酸味がある魚です。「桑乃都 特撰吟醸」（小澤酒造場・東京都八王子市）のような酸が立ち、キリリとした辛口の吟醸酒を冷やして合わせるのがいいでしょう。

はまぐり〈蛤〉

いまでは江戸前のハマグリは高級品だが、当時は品川あたりまで浅瀬が広がっており、江戸ではごくありふれた食材だった。現代ではアサリを使うことが多い「深川丼」（24頁）にも、当時はハマグリをはじめとするさまざまな貝類が用いられていた。コハク酸由来の独特なうま味があるために、現代同様に汁ものや焼きハマグリといった簡素な調理法が好まれたようだ。

池波正太郎の時代小説『仕掛人・藤枝梅安』に出てくる「浅利と大根の鍋」を参考にしました。見た目の美しさも意識して長めのせん切りにしたダイコンに、風味豊かなハマグリのだしをからませながら味わう料理ですね。カツオだしもくわえていますが、ハマグリから十分に味が出ていると感じたら必要ないでしょう。料理屋らしく仕上げるためにはノリの風味やコショウの香りは必須。全体が引き締まり、格調高い味わいになります。

はまぐり大根

材料（2人分）

水……500㎖
ハマグリ……8個
（殻付きで50g程度のもの）
カツオだし……100㎖
塩……5g
醤油……5㎖
ダイコン……100g
アサクサノリ
黒粒コショウ……各適量

つくり方

❶鍋に水を張り、殻が開いて自然に身がはずれるまでハマグリをゆでる。ゆで汁は取りおく。

❷①のゆで汁400㎖を濾して鍋に張り、カツオだし、塩、醤油をくわえて1割くらい煮詰める（ハマグリは個体によってだしの出方や塩加減が大きく異なるので、味見をしながら好みの塩加減に調味する）。

❸長さ10〜15㎝くらいのせん切りにしたダイコンをカツオだし（分量外）でゆでる。

❹器に①のハマグリの身と③を盛り、②を張る。アサクサノリをちぎって浮かべ、くだいた黒粒コショウをちらす。

親方のこぼれ話
江戸の人たちが潮干狩りに興じる様子は浮世絵にも描かれています。とくに旧暦の3月3日にはひな祭り用にハマグリを採る人々で、品川あたりの浅瀬がにぎわっていたようです。

ハマグリのだしを
そのまま味わう料理です

女将のおすすめ

この料理と22頁のシラウオの料理は、ともに春らしい繊細な風味を邪魔しない「旨口」の純米酒がいいでしょう。冷や（常温）かぬる燗で料理に寄り添わせるイメージです。

江戸の旬 春

たけのこ

〈筍〉

古来日本ではタケノコが食用にされていたが、現代によく見かける孟宗竹《もうそうちく》が流入したのは18世紀といわれる。江戸では薩摩藩の下屋敷に植えられて広まり、目黒や戸越、荏原《えばら》で生産された。孟宗竹が一般的になる前は、真竹《まだけ》、淡竹《はちく》が食べられていた。焼きタケノコやタケノコの草和え（86頁）といった品が料理書に載っている。

たけのこ汁

材料（つくりやすい分量）

タケノコ……1kg
カツオだし……2ℓ
酒……150mℓ
塩……5g
醤油……15mℓ

つくり方

❶タケノコを米糠と一緒に1時間くらいゆでてあく抜きする。ひと晩おく。

❷鍋にカツオだしと酒を張って火にかけ、塩、醤油で調味する。皮をむいて食べやすい大きさに切った①を入れ、中火で1～2時間煮る。

タケノコというと京都の印象が強いかもしれませんが、江戸でも18世紀から孟宗竹が盛んに食べられていました。とくに産地であった荏原や戸越の近くの宿場では、訪れた客に「たけのこ汁」がふるまわれ、名物になっていたそうです。今回は当時の様子に近づけるために大鍋でたっぷりのタケノコを煮ました。調味もタケノコの味わいを堪能してもらうために、塩と醤油だけにとどめています。

タケノコは
品川近くで生産されていた
江戸の名物食材でした

女将のおすすめ

タケノコにはほのかな甘みがありますから、そこに合わせて甘さや旨味が感じられる酒がおすすめ。「甘口」に分類される酒でも、酸度がある程度高い銘柄を選べばくどくなることはないですよ。

江戸の旬 春

しらうお
〈白魚〉

江戸ではシラウオは春の風物詩だった。江戸時代後期に刊行された『江戸名所図会』には佃島で行われるシラウオ漁が描かれている。刺身や天ぷら、吸いものとして食べられていたようで、宝暦14年（1764年）に刊行された料理書『料理珍味集』にはシラウオを蕎麦に見立てた料理も載っている。福岡などで揚がる踊り食いで有名なシロウオ（素魚）とは別種。

春を代表する魚であるシラウオの淡い風味を生かし、吸いものに仕立てました。工程はいたって簡素。豆腐を煮ると吸い地が濁るので今回は別々に加熱しましたが、一緒に火を入れても構いません。繊細な味わいを生かしたいので、調味は最低限。アサクサノリで磯の香りをくわえ、上品に仕上げています。

白魚の吸いもの

材料（2人分）

カツオだし……400㎖
塩……4g
醤油……4㎖
シラウオ……20g
豆腐
アサクサノリ……各適量

つくり方

❶カツオだしを鍋に張って火にかけ、塩と醤油で調味する。
❷①の吸い地を別の鍋に張り、シラウオを入れて火をとおす。吸い地は取りおく。
❸①の吸い地を別の鍋に張り、豆腐を大ぶりのさじですくい入れて温める。
❹器に②のシラウオ、③の豆腐を盛り、②の吸い地を濾し入れる。アサクサノリをちぎって浮かべる。

親方のこぼれ話　シラウオ漁は佃島の漁師の特権とされ、毎年江戸城に献上されていたようです。

春の訪れを告げる上品な味わいの魚です

女将のおすすめ　19頁でこの料理に合う酒を紹介しています。

江戸の旬 春

あおやぎ
〈青柳〉

アオヤギはバカガイの軟体部分。一説ではバカガイの足の部分が「柳」に似ていることから青柳(アオヤギ)と呼ばれるようになったともいわれる。いっぽうで切り分けられた貝柱を「小柱」、「あられ」と呼び、アオヤギとは別に流通するのが普通。現代では前者は寿司だねやぬたに、後者はかき揚げなどに使われる。いまでも小柱は高価だが、江戸でもアオヤギよりも小柱のほうが人気だったようだ。

現在では「深川丼」というえばアサリの印象が強いかもしれませんが、江戸時代には江戸前で採れた貝はなんでも使っていました。深川丼が全国区になったことで、手に入りやすいアサリをおもに用いるようになったのではないかと邪推しています。それはともかく、ほかの店や駅弁の深川丼と差をつけるためにも当店の深川丼はアオヤギだけ。江戸味噌の味噌汁でアオヤギを煮てから、そのだしをふくんだ汁と一緒にご飯の上にぶっかけて、酒とともに〝つゆだく〟で召し上がっていただきます。

深川丼

材料(2人分)

バカガイ(アオヤギ)……8個
水……500㎖
江戸味噌……50g
油揚げ……10g
ネギ……1/2本
ご飯……200g

つくり方

❶バカガイの殻を開けて身を取り出し、小柱をはずす。内臓とエラを取り除き、身(足)とヒモに切り分ける。
❷鍋に水を張って沸かし、江戸味噌を溶き入れる。
❸②に①の小柱、身(足)、ヒモと油抜きして細切りにした油揚げ、ななめ切りにしたネギを入れ、バカガイに火が入るまで煮る。
❹器にご飯を盛り、③をたっぷりの煮汁と一緒に盛りつける。

アサリでなく
アオヤギを使った
〝つゆだく〟仕様です

20の素材で味わう「江戸の旬」

夏

すいか売りの声が響く夏

隅田川の川開きに合わせて
花火が打ち上げられ、
江戸に暑い夏が到来する。

町中にはすいか売りや心太《ところてん》売りの
掛け声が響きわたり、
春先から獲れはじめる鮎の型は
ずいぶん大きくなる。

将軍上覧の山王祭が
開かれるころになると、
本格的な夏を迎える。

渓斎英泉『江戸八景　両国橋の夕照』、山本（国立国会図書館デジタルコレクション）を加工して使用

夏 江戸の旬

さざえ
〈栄螺〉

磯の香りが強く感じられる巻貝の一種。産卵時期である初夏が旬とされる。「サザエのつぼ焼き」は十返舎一九の『東海道中膝栗毛』にも登場する。当時は江戸近郊の岩場でもサザエが採れたと思われ、江戸時代後期には江戸の町でもサザエが食されていたようだ。

さざえと新ごぼうの梅肉和え

材料（2人分）

ヒメキュウリ……1／2本
新ゴボウ……30g
ネギ（白い部分）……適量
ショウガ……少量
サザエ……1個
（殻付きで300g程度のもの）
梅肉*……5g

*梅干しの皮と種を除き、包丁でたたいてペースト状にする。

つくり方

❶ヒメキュウリを1.1％の塩水にひと晩ひたす。厚さ2cmの輪切りにする。
❷新ゴボウ、ネギ、ショウガを長さ3〜4cmくらいのせん切りにする。水にさらす。
❸サザエの身を殻から取り出し、厚さ3mmくらいの薄切りにする（肝はほかの料理に使う）。
❹①、水をきった②、③を梅肉で軽く和える。

サザエの磯の風味と、アクが少ない初夏の新ゴボウのほのかに土っぽい香りを梅干しの酸味でまとめた夏らしい酒肴です。江戸時代の一般向け料理書『素人庖丁』に載っているもとの料理にキュウリをくわえることで、みずみずしくさわやかに仕立てました。コリコリとしたサザエ、シャキシャキのゴボウやキュウリの食感も楽しめます。アワビなど、ほかの貝類を使ってもいいでしょう。

磯の香りと
小気味いい食感が
楽しめる酒肴です

女将のおすすめ

いかにも夏らしい仕立ての一品には、すっきり、すいすい飲める吟醸酒を冷やして合わせたいですね。

当店では、東京都あきるの市にある野崎酒造の「吟醸生酒しろやま桜」をおすすめしています。

江戸の旬

夏

しんこ

〈新子〉

ニシン科の魚であるコノシロの幼魚がシンコ。関東では成長するにしたがってコハダ、コノシロと名前が変わる。江戸湾（東京湾）で漁獲されていた江戸前を代表する魚の一種。成長すると沖のほうに生息海域を移す習性がある。現代と同様に酢で締めて酒のつまみにしたほか、にぎり寿司のたねとして用いられていた。

当店の近くにある老舗の天ぷら店の主人によると、わりと最近まで芝の漁師が東京湾でシンコやコハダを獲っていたそうです。これらの魚はいまでこそ高級品ですが、江戸時代にはたくさん揚がっていて、獲れたての魚を天ぷらにして食べていました。いまから思うとずいぶん贅沢な話ですね。当店の天ぷらは卵白を使った軽い口あたりの「銀ぷら」仕立て。シンコの繊細な歯ざわりと風味を楽しんでもらうために塩で召し上がってもらいます。季節がすすんで魚の型が大きくなり、味わいが増してきたら、おろし醤油を添えてもいいでしょう。

新子の天ぷら

材料（2人分）

シンコ……10尾
冷水……200㎖
薄力粉……100g
卵白……1個分
サラダ油
塩／おろし醤油……各適量

つくり方

❶シンコを腹開きにし、内臓を取り除く。
❷ボウルに冷水と薄力粉を合わせ、箸でかき混ぜる。
❸卵白を泡だて、②をくわえて混ぜ合わせる。
❹打ち粉（分量外）をした①を③にくぐらせ、170℃に熱したサラダ油で揚げる。
❺油をきって器に盛り、塩をふる（または、おろし醤油を添える）。

親方のこぼれ話

芝の漁師は屋形船に商売替えしたところが多いようです。そのため東京ではシンコなどの漁は廃れてしまいましたが、いまでも千葉県の船橋ではコハダやコノシロの漁が行われていますよ。

幼魚の繊細な食感と風味を軽い口あたりの〝銀ぷら〟で

女将のおすすめ

熱々の天ぷらには、熱々の酒を合わせたいですよね。すっきりした飲み口の本醸造酒にしっかり燗をつけて提供してみてください。

江戸の旬
夏

しろうり
〈白瓜〉

完熟すると表面が白くなるウリ科の野菜。キュウリよりも果肉の密度が高く、水分量が少ない。味自体は淡白で青っぽい香りがある。江戸時代には生で食べられる野菜の種類が限られていたので、重宝されていたと考えられる。きざんでなまり節と和える、あるいは漬けものにして食べられることが多かった。

夏の野菜である白ウリをミョウガとコンニャクと合わせてさっぱりいただきます。醬油の代わりに煎り酒を使っているのが値打ちで、上品かつ風味豊かに仕上がります。シャキシャキとした食感も魅力のこの料理も前出の『素人庖丁』に載っていたものです。夏の暑い盛りに、冷やした酒を合わせると格別ではないでしょうか。

白うりの煎り酒びたし

材料（2人分）

白ウリ……1本
塩……3g
ミョウガ……1本
コンニャク……20g
煎り酒（↓11頁）……適量

つくり方

❶白ウリを塩（分量外）でみがき、表面のこまかい毛を取り除く。
❷縦半分に切って種を取り除き、できるだけ薄く切る。
❸塩をもみこみ、水気を絞る。
❹ミョウガをせん切りにし、水にさらす。
❺コンニャクを白ウリの大きさに合わせ、厚さ2㎜くらいの短冊切りにする。
❻③、水気をきった④、⑤を合わせて煎り酒にひたす。

夏の野菜を煎り酒の風味香る上品な仕立てに

江戸の旬

夏

あわび〈鮑〉

ミミガイ科の大型巻貝の総称。11月が産卵期であるため、成熟期である盛夏に旬を迎える。本頁で紹介する「水貝」といえば、ことわりがない限りアワビを使う。ほかに酢洗いした「酢貝」、塩をふって蒸す「塩蒸」といった調理法がある。サザエと同様に江戸時代には江戸近郊の岩場で採れていたと思われる。

38頁で紹介する「水もの」のなかでも、とくに貝を使う場合は「水貝」と称していたようです。器に塩水を張ることもありますが、ここではアワビの風味をそのまま感じてもらうために真水に浮かべています。アワビをそのまま味わう原始的な料理なので下処理はていねいにしてください。肝は醬油に漬けこんで、「肝漬け」に仕立てています。肝ダレをつけて濃厚な味わいを足してもいいし、煎り酒にひたして気品のある風味をまとわせるのも粋ですね。

水貝

材料（1人分）

キュウリ……1／2本
トサカノリ（乾燥）……20g
黒アワビ……1個
肝漬け＊……1個分
梅干しの皮
ショウガ……各少量
煎り酒（→11頁）
肝ダレ＊……各適量

つくり方

❶キュウリを1.1％の塩水にひと晩ひたす。ひと口大に切る。
❷トサカノリを水でもどす。食べやすい大きさにちぎる。
❸黒アワビを殻からはずし、身と肝に分ける。たわしでていねいに身をみがき、ぬめりを取り除く。ひと口大に切る。肝は肝漬けや肝ダレに使用する。
❹器に①、②、③、肝漬けを入れて冷水を張る。梅干しの皮を浮かべ、せん切りにしたショウガを飾る。煎り酒と肝ダレを添える。

＊肝漬け
❶黒アワビの肝1個分を火が入るまでゆでる。
❷酒100㎖を甘みが出るまで煮詰め、醬油100㎖をくわえる。
❸①を②に半日〜3日漬ける。

＊肝ダレ
❶アワビの肝1個分を裏漉しする。
❷酒40㎖と水10㎖を合わせ1／2量まで煮詰める。
❸②に①、醬油1滴、卵黄5gをくわえ、湯煎にかけながら分離しないように混ぜ合わせる。

活きのいいアワビをそのまま味わう原始的な料理です

女将のおすすめ

素材をそのまま味わうこの料理にはミリンで焼酎を割った「なおし」（柳蔭《やなぎかげ》）を合わせるのがおすすめです。アワビの磯の香りとミリンのほのかに甘い香りが調和するはずです。

江戸の旬

夏

ちあゆ

〈稚鮎〉

代表的な川魚であるアユは現代では養殖が盛んで、天然ものが珍重されている。なかでも、幼魚である稚アユは高級食材。江戸時代には玉川（多摩川）で獲れたアユが江戸城に献上されるほど美味であったとされる。当時から塩焼きにしてタデ酢を添えるのが一般的な食べ方で、焼いたアユをご飯と混ぜた「鮎飯」という料理もあった。

稚鮎のカピタン漬け

材料（2人分）

稚アユ……4尾
強力粉
サラダ油……各適量
キュウリ……1／2本
ナス……1／2本
くず粉
南蛮地＊
タデの葉
トウガラシ（輪切り）……各適量

「カピタン」はポルトガル語で「船長（キャプテン）」の意。当時は「南蛮」と同じように「異国風」というような意味合いで使われていた言葉と思われるので、「カピタン漬け＝南蛮漬け」ととらえていいでしょう。この料理はいまでこそ高級魚の印象が強いアユが主役。ただ、当時は近くの川でかんたんに獲れたので、南蛮漬けにして惣菜としても食べられていたわけです。酢が効いた南蛮地と苦みのあるアユの風味をなじませるのが本来のかたちですが、料理店であれば揚げたての熱々の状態で提供してもいいでしょう。

つくり方

《稚鮎》

❶稚アユに強力粉をまぶし、170℃のサラダ油で揚げる。

❷油がはねる音が聞こえなくなってきたら、引き上げて油をきる。

《キュウリ》

❶キュウリをひと口大のナタ割り※にする。

❷170℃のサラダ油で焦げ色がつくまで揚げる。

《ナス》

❶ナスをひと口大のナタ割り※にする。

❷断面にくず粉をまぶし、170℃のサラダ油でさっと揚げる。

※切り口を粗くするために、野菜をまわしながら包丁で裂き剥がすようにする切り方

仕上げ

熱した南蛮地に稚鮎をひたす。冷めたらキュウリ、ナスもひたし、冷蔵庫にひと晩おく。または、揚げたての稚アユを熱した南蛮地にひたし、タデの葉、トウガラシとともに器に盛る。

＊南蛮地

❶水400㎖、ミリン40㎖、醤油40㎖を鍋に合わせて沸かす。

❷ミリンのアルコールがとんだら火を止める。

❸カツオ節10gをくわえ、布で濾す。

❹酢25㎖をくわえる。

親方のこぼれ話 江戸では獲れた場所によってアユが格付けされていて、玉川（多摩川）のものが最上位でした。四谷にはアユ専門の問屋もあったようです。

当時たくさん獲れたアユをふんだんに使います

女将のおすすめ

上品な苦みが感じられる稚アユには、さわやかな酸味が特徴の食中酒「男山 御免酒」（男山・北海道旭川市）を合わせてみてください。「御免酒」とは江戸幕府の官用酒の意で、男山もそのひとつでした。

江戸の旬 夏

すいか〈西瓜〉

江戸時代には野菜の種類がいまよりもずっと少なく、スイカ、キュウリ、マクワウリといったウリ系が夏野菜としては主流だった。スイカに関しては世田谷や亀戸、八王子などの江戸近郊で栽培されており、広く普及していたものと思われる。とはいえ当時のスイカは甘みが少なく、砂糖と一緒に食べていたという記録も残っている。

夏野菜や果物を冷水に浮かべた「水もの」、あるいは「冷やしもの」と呼ばれる範疇の料理です。冷蔵庫がない江戸時代には冷たい井戸の水を汲んで、素材を冷やして食べていました。当時も野菜や果物はどちらかというと女性に好まれていたみたいですね。今回は彩りを重視して素材を選びましたが、マクワウリやキュウリといった夏野菜など、好みのものを使ってください。モモのような甘さのある果物を酢醤油で食べるのも新鮮なので、箸休めのようなかたちで献立に組み込むと意外性を演出できるのではないでしょうか。

夏野菜の水もの

材料（2人分）

ジュンサイ
花オクラ
オクラ
スイカ
黄桃
ナス
ミョウガ
白玉
練りガラシ
酢醤油*……各適量

*酢と醤油を2対3で合わせる。

つくり方

❶ジュンサイと花オクラ、オクラをさっとゆでる。
❷ほかの野菜、果物類を食べやすい大きさに切る。
❸①、②、白玉を器に盛り、冷水を張る。練りガラシ入りの酢醤油を添える。

親方のこぼれ話　江戸時代には今回使用した「白玉」を専門に売りに歩く商《あきな》いがあったようです。果物ではカキ、リンゴ、ナシ、モモ、ミカン類などが食べられていました。

旬の夏野菜は井戸水で冷やし、酢醤油で食べていました

【コラム】
江戸ではどのような酒が飲まれていたのか

「下り酒」と「地廻り酒」

江戸にも地酒と呼べるものがあった。文政年間（1818〜30年）のころには浅草で山屋半三郎が「隅田川諸白《もろはく》」という銘柄の酒を造っていたという。同じく浅草には「宮戸川」や「都鳥」という酒もあった。武蔵や下総といった江戸近郊でも酒は造られていて、当時は「地廻り酒」と呼ばれた。しかし、江戸の人々がもっぱら口にしていたのは上方から運ばれた「下り酒」だった。京都や奈良の寺院で生まれた蒸し米と麹米の両方に精米した酒米を使う諸白という製法を受け継ぎ、摂津の伊丹や池田などで高品質な酒を量産化していたためだ。1800年前後の資料によると、当時江戸に入ってきた下り酒と地廻り酒はそれぞれ年間約82万樽と11万樽で、その差は歴然としている。

下り酒のうちでもっとも有名なのが「灘《なだ》の生《き》一本」と呼ばれた灘産の酒。灘は伊丹や池田に遅れて18世紀後半から酒造りに参入すると、幕末には市場を席巻するようになった。下り酒の支払いのために貨幣が上方に流出することを危惧した幕府が、関東の酒蔵に米を貸し与えて上質な酒を造らせる施策を打ち出したものの下り酒の品質にかなわず、失敗に終わったこともある。

とはいえ、じっさいに江戸の庶民が口にしていた酒は、もとの酒を水で割ったものとみられる。安い酒ほど水の割合が多く、水で薄めていない酒を売る酒屋が

「江戸前 芝浜」では東京の芝で造られる「江戸開城」をはじめ、東京都内の酒蔵の酒をそろえている。

評判になることもあった。幕末のころには同じ酒でも「中汲《なかくみ》」という安酒を専門に商う居酒屋も出てくる。これはにごり酒の一種で、江戸には専門に造る業者もいたようだ。

江戸では燗酒が基本

江戸時代の酒はいまの基準に則ると「超」がつく辛口だったようだ。それだけ糖分が少なかったということだ。当時はその酒に燗をつけて飲むのが一般的だった。対して燗をつけずにそのまま飲む酒は「冷《ひ》や」という。この呼び方は現代まで受け継がれ、冷蔵庫で冷やした「冷酒」と区別される。江戸の人々が燗酒を好んだ理由のひとつには、冷やは身体に害で、燗酒のほうが身体にいいという認識があったからとみられる。

居酒屋ではチロリに酒を入れて湯煎で燗をつけるのが一般的で、大衆的な店ではそれをそのまま客に出していた。高級な料理屋や宴席などでは、燗がついた酒を銚子に移し替えることもあったようだが、時代が下ると燗徳利が普及する。それにともなって徳利のことを銚子と呼ぶようになった。

酒以外のアルコール

江戸の人々は酒以外のアルコールを飲まなかったかというと、けっしてそうではない。元禄10年（1697年）刊の『本朝食鑑』には焼酎の製造方法が載っている。酒を造る際に出る酒粕を使った「粕取り焼酎」である。同書には劣化した酒からも焼酎が造れるとあり、焼酎は酒にくらべると二級品という扱いだったようだ。それでも蒸留しているぶんアルコール度数が高いので、安価で手っ取り早く酔えるという利点はあった。

いまでは調味料として用いられるミリンも、江戸時代中期ごろまではアルコール飲料の一種ととらえられていた。酒が強くない人や女性が好んで飲んでいたという。焼酎をミリンで割った「(本)直し」、あるいは「柳蔭《やなぎかげ》」と呼ばれる飲み方もあったが、後期になるとミリンの価格が下がり、現代のように調味料として使われるようになった。

『守貞謾稿』には「燗鍋」、「チロリ」、「(近世) 銚子」、「燗徳利」などの酒器が掲載されている。

「江戸前 芝浜」でも東京都内で造られている焼酎やどぶろくを提供している。

20の素材で味わう「江戸の旬」

秋

団子を供えて月を楽しむ秋

松茸や栗が売り出されると、
江戸の町にも秋の気配が漂う。

人々は団子を供えて月見を楽しみ、
品川の海晏寺や浅草の正燈寺へ
紅葉狩りに出かけた。

9月には江戸っ子にとって
一大行事の神田祭が行われ、
江戸の町はおおいに盛り上がる。

広重『江戸近郊八景之内　玉川秋月』（国立国会図書館デジタルコレクション）を加工して使用

さけ〈鮭〉

「初ガツオ」に限らず、江戸っ子は「初もの」に価値を見出していた。サケもそのひとつで、秋になると東北などから商人が塩引きにした「初鮭」を江戸まで売りにきていたという記録が残っている。これらのサケは焼き魚や、濃い味つけの味噌汁である濃漿《こくしょう》（濃醤）として食べられていたようだ。大晦日には家族が年齢を重ねたことを祝うための「年取り魚」としてサケが食卓に上がったという。

秋の素材を色鮮やかなぬたに仕立てました

この料理は延享3年（1746年）に刊行された『黒白精味集』という料理書に載っています。サケの塩味とぽてっとした衣の按配が妙味といえる色鮮やかな酒肴です。なお、「ぬた」という言葉は刺身の調味料として1400年代後半の資料にすでに登場しています。当時は酒粕に酢をくわえて塩で調味したものを指し、後年になってこの料理のような青豆を使う仕立てが登場します。現在のように酢味噌和えを「ぬた」と称するようになったのは明治時代以降のようですね。

親方のこぼれ話　いまより気温が低かったためか、江戸時代には関東平野を流れる利根川にもサケが遡上していたようです。生のサケが江戸にも出まわっていたのかもしれません。

鮭の青ぬた

材料（2人分）
塩ザケ（甘塩）……1切れ
エダマメ……30g
白味噌……5g
酢……適量

つくり方

❶塩ザケを熱湯でゆで、火が入ったら取り出す。
❷水気をふき取り、皮を取り除いて身をほぐす。
❸エダマメを塩（分量外）をくわえた湯でゆでる。サヤから豆を取り出し、薄皮を取り除く。ミキサーにかけてペースト状にする（エダマメの食感を残したい場合は、すりこぎですりつぶす）。
❹ボウルに③と白味噌を合わせ、酢をくわえてのばしながら、なめらかになるまで混ぜ合わせる。
❺②を④の衣で和える。

女将のおすすめ

「澤乃井 東京蔵人」（小澤酒造・東京都青梅市）などの生酛造りの酒を冷やして合わせてみてください。乳酸に由来するヨーグルトのような香りが酢味噌の酸味に合うと思います。

江戸の旬

秋

なす

〈茄子〉

ナスは奈良時代に日本に伝来して以来、万能な野菜として重宝されてきた。江戸時代には丸ナス、長ナスといった複数の種類が出まわっており、丸煮、焼きナス、和えもの、香のものとして食べられていた。「秋ナスは嫁に食わすな」という言葉があり、これは美味であるがために過食を心配してのこととも解釈される。

トウガラシをくわえていることから「南蛮」と表現されている料理です。加熱したあとに冷蔵庫にひと晩くらいおくと、ナスの食感が残りつつも適度に味が染みこみますが、できたてを熱々で提供してもいいでしょう。江戸時代のナスはいまよりもアクが強かったはずです。それを調和するためにトウガラシをくわえたのではないかと推察しています。

茄子の南蛮煮

材料（2人分）

水……100㎖
酒……350㎖
トウガラシ（輪切り）……1本
醬油……50㎖
小ナス……10個

つくり方

❶水と酒を鍋に張り、火にかけて沸かす。トウガラシをくわえ、醬油で調味する。
❷①にヘタを切り落とした小ナスを入れ、中火で2分くらい煮る。粗熱をとり、冷蔵庫にひと晩おいて味をなじませる。

万能な野菜であるナスを〝異国風〟の仕立てで

江戸の旬

秋

さんま
〈秋刀魚〉

サンマは現代同様に秋の味覚だったものの、「下魚」とされていたので食べていたのは庶民だけ。房総半島沖で揚がった魚に、鮮度を保つために淡塩をあてて流通させていた。それをそのまま焼いた塩焼きが当時も好まれたが、江戸時代の料理書には煮魚、味噌漬け、酢のもの、サンマ飯といった料理も載っている。

「はんぺん」の由来はいくつかあるようですが、ここでは木型の半分に生地をすりつけ、半月形にゆで上げたからという説に則って、秋の味覚を使って再現してみました。当時のサンマは「下魚」の扱いで、庶民に親しまれていましたが、近年は価格が跳ね上がっているのはご存じのとおりです。塩焼きには適さない小ぶりで脂ののりが少ない魚は、ここで紹介したようにすり身にして提供してみるのも一興ではないでしょうか。

秋刀魚のはんぺん汁

材料（2人分）

- サンマ……1尾
- 味噌……0.5g
- ネギ（白い部分）……15g
- ショウガ……15g
- 卵白……15g
- 片栗粉……1g
- ヤマイモ（すりおろし）……5g
- カツオだし……150㎖
- 塩
- 醤油
- ミョウガ
- 青ユズの皮
- 黒粒コショウ……各適量

つくり方

❶サンマを三枚におろし、内臓と骨を取り除く。塩水で洗ってからキッチンペーパーで水分をふき取る。味噌と一緒に包丁でねばりが出るまでたたく。

❷みじん切りにしたネギとショウガを水にさらし、布を使ってしっかり絞る。

❸ボウルに①、②、卵白、片栗粉を合わせ、ヘラでよく混ぜ合わせる。

❹しっかり混ざったらヤマイモをくわえ、さらによく混ぜ合わせる。

❺丸皿の半分に④の生地を扁平型に広げて熱湯の中に落とし、火が入るまで加熱する。ゆで汁は取りおく。

❻別の鍋に濾した⑤のゆで汁150㎖、カツオだしを合わせて温め、塩、醤油で調味する。

❼⑤のはんぺんを器に盛り、⑥を張る。薄切りにしたミョウガ、青ユズの皮を浮かべ、くだいた黒粒コショウをちらす。

親方のこぼれ話

落語「目黒のさんま」の殿様が屋敷に帰ってから食べてお気に召さなかった料理がこれかもしれません。脂が滴る塩焼きを期待していたのに、はんぺんが出てきたのですから、殿様もさぞがっかりしたことでしょう。

由来に則った「はんぺん」を秋の味覚で

女将のおすすめ

温かい汁ものに辛口の冷酒を合わせてみましょう。サンマの強い風味を引き締める狙いです。2024年に復活した野口酒造店（東京都府中市）の「國府鶴」がとくにおすすめです。

まつたけ〈松茸〉

マツタケが文献に登場するのは江戸時代以降。1700年代に入ると料理書に吸いもの、焼きもの、蒸しもの、寿司といったマツタケ料理が載るようになり、江戸の人々にも親しまれていたことがうかがえる。最近は輸入ものも増えているが、江戸時代後期には京都・伏見の稲荷山産が最上とされていたようだ。

竜眼松茸

材料（つくりやすい分量）

マツタケ……1本
生麩
サラダ油……各適量
カツオだし……200㎖
醤油……20㎖
ミリン……20㎖

つくり方

❶マツタケに長さを合わせて切った生麩を巻き、楊枝で端をとめる。170℃のサラダ油で火が入るまで素揚げする。
❷①を湯通しして油を抜く。
❸鍋にカツオだしを張って火にかけ、醤油、ミリンで調味する。
❹③に②を入れ、転がしながら煮汁をまとわせるように煮つける。ひと口大に切って器に盛る。

さわさわ煮

材料（2人分）

マツタケ……1本
カツオだし……400㎖
塩……3g
醤油……1㎖
ミツバ……1本

つくり方

❶マツタケを掃除し、繊維に沿ってできるだけ細く裂く。
❷鍋にカツオだしを張って火にかけ、塩、醤油で調味する。
❸①と適宜に切ったミツバを入れてさっと煮る。

いずれも江戸にあった料理店「八百善」の4代目である栗山善四郎が、文政5年（1822年）に刊行を開始した『江戸流行 料理通』（全4編）に載っている料理です。「竜眼巻き」とは中心の食材を龍の目に見立てた料理で、いっぽうの「さわさわ煮」は、ごく細く割いたマツタケの食感が印象的な料理です。どちらも当時流行していた高級料理店ならではの上品な仕立ての料理といえます。

江戸の料理店で出していた由緒ある料理です

女将のおすすめ

マツタケ料理には代表的な下り酒の銘柄である「黒松剣菱」（剣菱酒造・兵庫県神戸市）の樽酒を合わせたいですね。木樽の香りとマツタケの香りが相乗して広がります。

江戸の旬

秋

くり
〈栗〉

日本が原産地のひとつであるクリは、縄文時代からすでに食用にされていた。現代では9月〜10月が旬とされる。江戸時代にはきんとんや炊きこみご飯として食べられていたようだ。甘みのある食材の選択肢が限られていたので、当時の人々はおやつ感覚で食べていた可能性もある。

クリはきんとんなどに仕立てて食べられていましたが、「こふき栗」も素材の魅力を引き出した秀逸な料理だと思います。クリを転がしながら加熱することで、糖分が染み出した煮汁を自身にまとわせていくのです。当店では秋になると季節の前菜の盛り合わせに入れたり、ほかの料理の付け合わせとしてお出しししたりしています。

こふき栗

材料（つくりやすい分量）

水……1ℓ
酒……30mℓ
塩……適量
クリ……10個

つくり方

❶鍋に水を張り、酒、塩をくわえ、鬼皮と渋皮をむいたクリをゆでる。
❷水分がなくなったら、クリを木ベラで転がしながら粉がふくまで中火で加熱する。

クリの糖分を自身にまとわせる秀逸な調理法です

女将のおすすめ

江戸時代には多様なにごり酒が飲まれていました。なかでもほっこり甘いクリには、醪《もろみ》を濾さずにつくるために米の甘さや感触がしっかり味わえるどぶろくをおすすめします。

20の素材で味わう「江戸の旬」

冬

極寒の冬に欠かせない鍋

江戸の町に寒風が
吹き下ろすようになると、
暖を取るための鍋料理が欠かせない。

ねぎま、湯豆腐、猪鍋。
酒場や家庭で、
人々は肩を寄せ合って
鍋をつついた。

暮れの煤払《すすはら》いが終われば、
除夜の鐘が鳴る。
江戸の一年は
静かに締めくくられる。

広重『東都名所　浅草金竜山年ノ市』、佐野喜（国立国会図書館デジタルコレクション）を加工して使用

江戸の旬

冬

かも〈鴨〉

秋から冬にかけて日本列島に飛来する鴨は狩猟の対象であると同時に食用にもされていた。江戸時代前期に刊行された料理書『料理物語』には、白鳥やキジ、サギなどの野鳥とともに鴨が掲載され、汁、刺身、なます、酒びたしといった多様な食べ方が紹介されている。また、当時から鴨にはセリ、ネギ、青菜を合わせていたこともわかる。（102頁でも解説）

江戸の人々は好んで鴨を食べていました。多様な鴨料理のなかでも、もっとも一般的な食べ方が鴨汁だと思います。鴨のムネ肉を薄切りにし、だしでネギと一緒に煮込んだ簡素な料理ですが、鴨本来の風味がいちばんわかりやすく感じられる仕立てでしょう。ここでは調味したカツオだしを使っていますが、鴨のだしだけでも十分おいしいと思います。寒い冬に食べる熱々の鴨汁が江戸っ子にとってどれだけのご馳走だったか、想像に難くありません。

鴨汁

材料（2人分）

カツオだし……400㎖
酒……40㎖
醤油……40㎖
ミリン……10㎖
鴨のムネ肉……100g
ネギ……1本

つくり方

❶鍋にカツオだしを張り、酒、醤油、ミリンをくわえて沸かす。
❷盤が大きくなるように薄切りにした鴨のムネ肉、縦割りにしたネギを入れて肉に火が入るまで煮る。

江戸の人々が愛した鴨肉の大衆的な食べ方です

女将のおすすめ

旨味が強い鴨肉には、それに負けない「旨口」の酒である田村酒造場（東京都福生市）の「清酒 嘉泉 特別純米 東京和醸」を冷や（常温）でお出しししています。しっかりした味わいの料理全般に合いますね。

江戸の旬

冬

あんこう
〈鮟鱇〉

江戸時代からアンコウはおもに関東で食べられていたようだ。常陸のほか、相模や伊豆でも揚がっていて、漁期は旧暦の10月からとされていた。17世紀後半に刊行された『古今料理集』にはアンコウが高級品であると記されているが、後年には江戸の大衆居酒屋でも提供されるようになり、庶民にも浸透していった。調理法は汁ものが中心だったようだ。

江戸時代には江戸の近海でいまよりもたくさんアンコウが獲れていたようで、大衆的な居酒屋でも「あんこう汁」を提供していました。そういった店では軒先にアンコウをつるしていたみたいです。最近は醤油味の「あんこう鍋」を出す料理店が少なくありませんが、ここでは江戸風に味噌で調味しています。アンコウは1尾仕入れるとさばくのがたいへんですから必要な部位だけを買いそろえ、当時の大衆居酒屋で出していたように野菜などの具材の種類が少ない簡易な仕立てで提供してもいいかもしれません。

あんこう汁

材料（3〜4人分）

アンコウ※……1尾分
※身、皮、胃袋、肝、卵巣、アラに分けられたもの
カツオだし……200㎖
江戸味噌……50g
ダイコン、ニンジン、ネギ、シイタケ、シュンギク、ミツバ、ギンナン……各適量

つくり方

❶アンコウの肝以外の部位を湯通しし、ぬめりを取り除く。
❷卵巣以外の①とアンコウの肝を下ゆでする。身10分、皮30分、胃袋1時間30分、肝40分、アラ30分が目安。適宜一緒の鍋で煮てもいいが、身と皮はほかの部位と別にゆで、そのゆで汁は取りおく。
❸鍋に②で取りおいた身と皮のゆで汁800㎖とカツオだしを張って温め、江戸味噌をくわえて調味する。②のアンコウ、アンコウの卵巣、適宜に切ったダイコン、ニンジン、ネギ、シイタケ、シュンギク、ミツバと薄皮をむいて楊枝に刺したギンナンを入れて煮る。

江戸の大衆居酒屋における定番商品でした

女将のおすすめ

肝も入ったこくのあるアンコウ汁には、力強い味わいの「辨天娘 純米にごり」（太田酒造場・鳥取県八頭郡）の燗がいいでしょう。江戸時代の酒はこんな味だったのかもしれないと思わせる銘柄です。

葉にんじん

〈葉人参〉

ニンジンは江戸近郊でも栽培されていた。その葉も食用とされ、おひたしやゴマ和えなどに調理されていたと思われる。当時のニンジンは細長い東洋系で、江戸時代末期に西洋系のニンジンが栽培されるようになった。後者は現在では一年中栽培されているが、前者の旬は旧暦の11月〜2月の冬季だった。

当時は葉野菜の種類が少なく、ニンジンの葉っぱもよく食べられていたはずです。ニンジンに限らず、葉野菜はいまよりも硬く、風味が強かったのではないでしょうか。それをシジミと一緒に田楽味噌で和えて、酒肴に仕立てました。青臭いニンジンの葉、うま味の強いシジミをこれまたしっかりした味わいの味噌で和えていますから、酒がすすむこと間違いありません。

葉人参としじみの田楽味噌和え

材料（2人分）

葉ニンジン……100g
シジミ……殻付きで200g
田楽味噌＊……20g

＊田楽味噌
江戸甘味噌を1〜2割の量の煮切ったミリンでのばす。

つくり方

❶葉ニンジンを塩（分量外）をくわえた湯でゆでる。水分をきり、食べやすい大きさに切る。
❷砂抜きしたシジミをゆで、身を殻からはずす。
❸ボウルに①、②を合わせ、田楽味噌をくわえて和える。

親方のこぼれ話 東京の滝野川では「滝野川人参」という商標の野菜が栽培されていました。長さが1mにも達する細長い東洋品種です。

くせのある素材は濃い口の味噌で酒がすすむ品に

江戸の旬 冬

くじら〈鯨〉

南房総では鎌倉時代、あるいは室町時代にはすでに捕鯨が行われていたと考えられている。江戸時代には役割ごとに組織化された漁民がツチクジラを獲っていた。漁期は旧暦の6月〜8月。その肉は干し肉に加工されて地元で消費され、江戸には塩漬けの皮クジラが出まわっていた。脂は食用だけでなく、灯油や稲の害虫であるウンカの駆除にも充てられたという。

年の瀬の煤払い（大掃除）のときに「くじら汁」を食べるのが江戸の庶民の慣わしでした。旧暦の年末は一年でいちばん寒い時季。クジラの脂肪を塩漬けにした皮クジラを汁に入れれば表面に脂の膜ができていつまでも冷めにくいので身体が温まり、滋養もついたというわけです。唐突かもしれませんが、鴨の脂（皮）と一緒に豆を煮込んだフランス料理「カスレ」につうじるようにも思います。

くじら汁

材料（2人分）

皮クジラ※……50g

※クジラの皮を塩漬けにした市販品

ニンジン……1／4本

サトイモ……2個

ゴボウ（ささがき）……10g

カツオだし……250㎖

味噌……50g

シュンギク……1本

豆腐……1／2丁

つくり方

❶皮クジラを厚さ5㎜くらいの薄切りにし、湯通ししてから水洗いする。水気をきる。

❷食べやすい大きさに切ったニンジンとサトイモ、ゴボウをゆでる。ザルに上げて水気をきる。ゆで汁は取りおく。

❸鍋に濾した②のゆで汁250㎖とカツオだしを張って温め、味噌をくわえて調味する。①、②、食べやすい大きさに切ったシュンギクと豆腐を入れて軽く煮込む。

年の瀬の大掃除には欠かせない料理でした

女将のおすすめ

東京・福生にある田村酒造場が造る「嘉泉 特別本醸造 幻の酒」は、しっかりした飲み口で本醸造ならではのすっきりした後口。ややくせのあるクジラと好相性です。

「江戸前魚」の小粋な酒肴

江戸の自然と生活を記録した文政7年（1824年）の『武江産物志』には、江戸湾（江戸時代の東京湾）で獲れた魚介の一覧が載っている。それを見るとコハダ、サヨリ、アナゴ、ウナギ、イサキ、カレイといった魚にくわえ、カニ、イカ、タコなどもふくめて40種以上の魚介が揚がっていたことがわかる。浅瀬ではシジミ、ハマグリ、アサリといった貝類も採れた。荒川や玉川（多摩川）などの大きな河川によって肥沃な武蔵野台地から豊富な栄養分が供給された江戸湾は、魚介の宝庫だったわけだ。

＊

江戸湾の沿岸に点在する漁村の漁師たちは幕府が開かれる前から漁業に従事していたが、1600年前後に関西の漁民たちが江戸に移住し、彼らがもつ最先端の漁業技術が江戸にもたらされた。漁獲量が増えた17世紀後半には日本橋に魚市場が誕生し、江戸湾内で揚がった魚が集められるようになる。それを目当てに集まる人々でにぎわった市場の様子は、錦絵にも描かれている。嘉永4年（1851年）には日本橋市場で126軒もの問屋が営業し、その2年後の記録では516人の仲買人が活動していたという。江戸にはほかにも日本橋市場に隣接する新肴場と四日市、芝雑魚場（関連68頁）という3つの魚市場があった。

＊

江戸の庶民は市場で仕入れた魚を売り歩く「振り売り」（ぼて振り）や町の魚屋から魚介を買い求めた。その日の朝に揚がった魚は、振り売りがその場で刺身に仕立ててくれたという。屋台では魚介の天ぷらや惣菜などが安価で購入できて、大衆居酒屋では刺身や魚介の煮込みをあてに酒を楽しんだ。江戸湾の恵みにあずかった江戸っ子たちは、みずからを称して「3日魚を食べなければ骨がばらばらになる」というほどに魚介を愛したのだった。（関連「こんなに豊かだった江戸の酒肴」98頁）

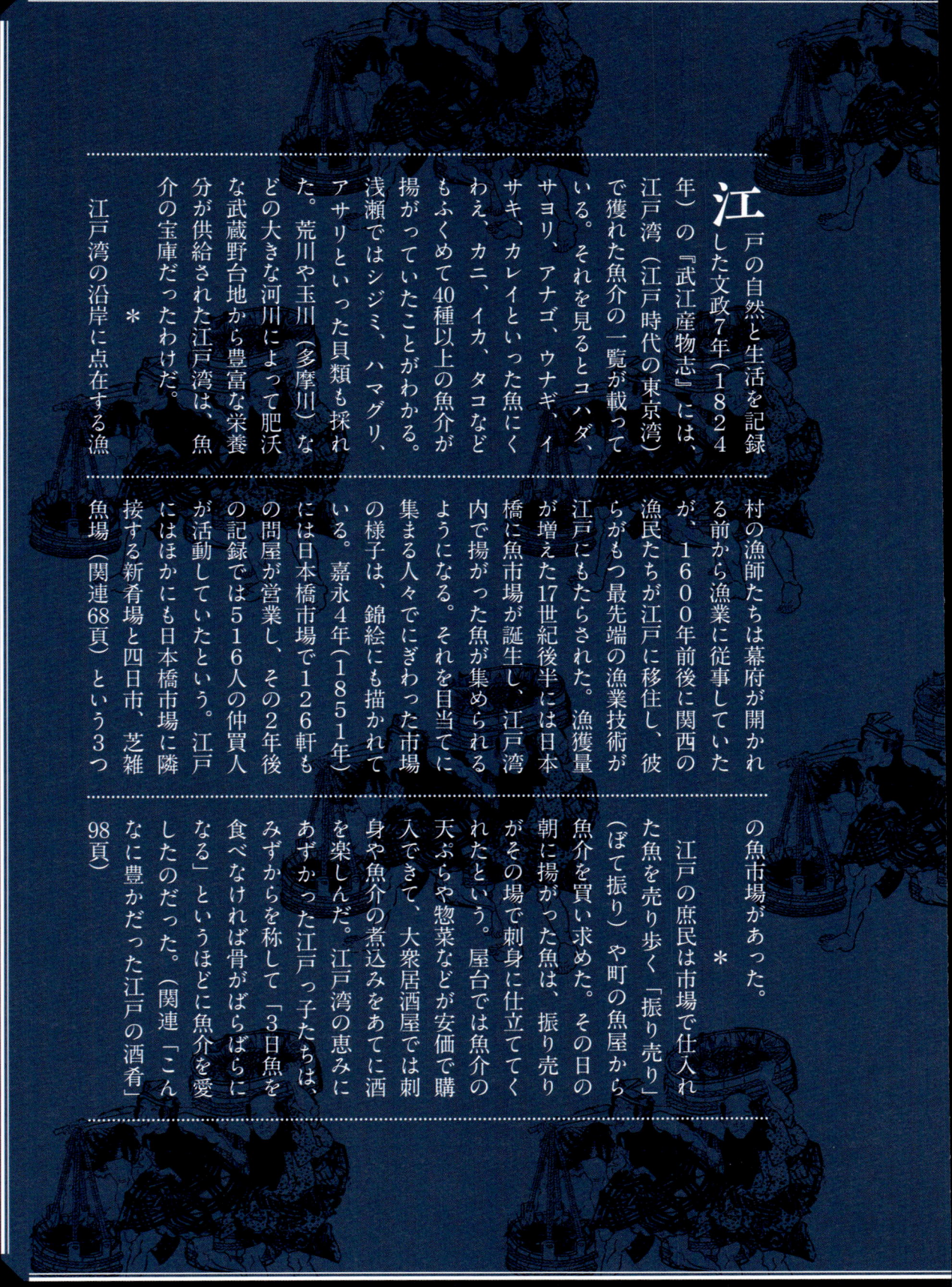

本書に登場する「江戸前の魚介」

江戸時代には深川と品川を結んだ線の内側の浅瀬を「江戸前」と呼んでいたようだ。それが明治時代以降に江戸川と多摩川の河口を結ぶ線の内側を指すようになったが、ここでは前出の『武江産物志』のなかで「海魚類」、「介類」として紹介されている魚介を掲載する。

しばえび〈芝海老〉

江戸（東京）の芝で揚がったことからこの名がついた。小型だが香り豊かで、しっかりした味わいをもつ。現在は専門の漁師が廃業したこともあって、東京湾での水揚げはきわめて少ない。代わりに有明海、三河湾、瀬戸内などで獲れている。江戸時代は大量に揚がっていたので、ほかの小魚と一緒にごった煮にしたほか、屋台で天ぷらとして売られていたようだ。（関連70頁）

こはだ〈小肌〉

ニシン科コノシロの幼魚。足が早く、現在は酢のものや寿司だねとしておもに用いられる。コノシロやその稚魚であるシンコ（30頁）とともに江戸湾で大量に獲れていて、江戸では安価で出まわっていた。煮もの、焼きもの、天ぷらなど、いまよりも幅広く活用されていた。（関連74頁）

きす〈鱚〉

現在はキスといえば一般に「シロギス」を指すが、江戸時代にはそれよりも大きな「アオギス」も食べられていた。とはいえ前者が最上とされ、淡白で上品な味わいが江戸の人々に好まれたようだ。塩焼きや煮つけ、汁の具に仕立てられていたと考えられる。（関連68頁）

しらうお〈白魚〉

→22頁

はまぐり〈蛤〉

→18頁

あおやぎ（ばかがい）〈青柳〉

→24頁

はぜ〈沙魚〉

江戸前の干潟に棲んでいて、芝および中川の河口で獲れたものが上品とされた。晩春に脂がのったハゼを釣るのが江戸の人々に人気で、彼らが屋形船に乗ってハゼ釣りを楽しんでいたという記録も残っている。いまでも東京湾に生息しているが、流通量は限られ、もっぱら釣りの対象になっている。現代同様に天ぷらにして食べられたほか、佃煮や甘露煮などの料理もあった。（関連76頁）

あじ〈鯵〉

いまも昔も変わらずに大衆魚として庶民に親しまれていた。午前中に漁が行われ、夕方になってアジ売りが家庭をまわったために「夕鯵」とも呼ばれた。塩焼きで食べたほか、当時の料理書には酢をくわえて煮る「酢煎」という調理法も見られる。（関連88頁）

いわし〈鰯〉

イワシの塩焼きはおかずとして、あるいは酒の肴として江戸っ子に好まれた。魚屋から購入したイワシはまとめて焼いて、土間などに干して保管していたとみられる。はんぺん（つみれ）に加工し、はんぺん汁として食べられていた記録もある。深川には「干鰯場《ほしかば》」と呼ばれる干したイワシを専門に扱う店もあったが、これは肥料として売られたものであった。当時はそれだけ大量に獲れたということだろう。（関連80頁）

あなご〈穴子〉

江戸前寿司の定番だねになっていることからもわかるように、アナゴは江戸の名物であった。とくに多摩川河口に近い羽田の浅瀬に生息する「羽田浅場穴子」は当時から質がいいとされた。甘く煮つけたほか、焼きもの、天ぷらなど、幅広い用途で用いられている。素焼きしてから酒と醤油をかけて、田楽味噌をぬる「穴子田楽」という料理もあった。（関連82頁）

かに〈蟹〉

江戸湾ではワタリガニがたくさん獲れていて、庶民にも親しまれていた。「江戸がに」という別称があったほどだという。濃厚なだしが出るので、味噌汁をはじめとする汁ものの具に用いられていた。現在では数が激減し、高級品になっている。（関連68頁）

たこ〈蛸〉

江戸時代にもタコは食用にされていた。炊き上がる直前のご飯にゆでたタコを混ぜ、汁をかけて薬味を添えた「桜飯」、調味液で煮た「桜煎」は、いずれも煮上がりのタコの形と色が桜の花びらに似ているところから名づけられた料理だという。身が硬いタコを酒と水で長時間煮てから、さらに調味しただしで煮たおでんのような食べ方もあった。（関連90頁）

あさり〈浅利〉

価格が安かったアサリは、江戸の庶民にとって非常に身近な食材だった。彼らは毎朝やってくる振り売りからむき身のアサリを買い求め、味噌汁の具にしていた。また、深川、佃島、品川などは潮干狩りの名所として知られ、アサリのほか、シジミ、ハマグリなどを採って家に持ち帰ってもいた。アサリを使った江戸の名物が「深川めし」や「佃煮」である。（関連86頁）

いか〈烏賊〉

イカも江戸湾で年中獲れていたようで、なかでも真イカが最上級とされた。江戸時代初期の料理書『料理物語』には、なます、刺身、かまぼこ、吸いもの、青和えといった食べ方が紹介されており、古くから親しまれていたことがわかる。屋台ではイカ焼きやイカの天ぷらが売られ、焼きイカの木の芽和え、イカのカピタン和えといった料理も文献に出てくる。（関連１２０頁）

芝煮

芝にあった雑魚場と呼ばれる市場に持ち込まれた小魚は選別されることなく、さまざまな魚種が混ざったままの状態で河岸に隣接する食堂に運ばれていたようです。そこで食べられていたのが、この「芝煮」。いわば「魚のごった煮」で、当時はどちらかというと粗雑な料理だったと思います。そうした由来なので使う魚は雑多で構わないのですが、江戸前の魚介を代表するキスやシバエビ、アナゴはぜひ入れたい。今回は、

親方のこぼれ話　せっかちな江戸っ子に時間をかけずに提供できる「芝煮」のような料理を出す立ち喰いの店が河岸にあったようです。いまでいうファストフード店で、江戸前寿司店ももともとはこの業態でした。

ハマグリのだしを使ったうま味がたっぷりの仕立てになっています。独立したときから、かたちを変えながらつくり続けている思い入れの強い料理のひとつです。

江戸湾の豊かな恵みが詰まった〝魚のごった煮〟です

材料（2人分）

ワタリガニ……1／2杯
アナゴ……100g
キス……2尾
ハマグリ……2個
シバエビ……10本
塩
醤油……各適量
ネギ（白い部分）……1／3本
ミツバ……2束

つくり方

❶ワタリガニを火が入るまでゆでる（または蒸す）。解体して身を取り出す。甲羅は取りおく。
❷アナゴを背開きにして内臓を取り除き、中骨をはずす。皮目に熱湯をかけて包丁の背でぬめりを取り除き、食べやすい大きさに切る。中骨は取りおく。
❸キスを三枚におろし、湯通しする。
❹ハマグリを殻が開くまでゆでて身を取り出す。ゆで汁を取りおく。
❺シバエビの頭と殻、背ワタを取る。尻尾の先を切り落とす。頭と殻は取りおく。
❻①のワタリガニの甲羅、②のアナゴの中骨をあぶる。⑤のシバエビの頭と殻をから煎りする。
❼鍋に⑥を入れて④のゆで汁適量を張り、中火で30分くらい煮出す。濾す。
❽別の鍋に⑦を張って火にかけ、塩、醤油で調味する。①のワタリガニの身、②のアナゴの身、③、④のハマグリの身、せん切りにしたネギと適宜に切ったミツバを入れ、生の魚介に火が入るまで煮る。

女将のおすすめ　貝やカニから濃厚なだしが出た「江戸版ブイヤベース」には貴腐ワインのような飲み口で、米から酵母まですべて東京産の「金婚 純米吟醸 江戸酒王子」（豊島屋酒造・東京都東村山市）がおすすめです。

江戸前

魚

芝の名を冠した江戸前素材を使った当店の看板料理です

※レシピは72頁

※レシピは73頁

女将のおすすめ

シバエビの真丈揚げとつまみ揚げには、まろやかな米の味わいが感じられる「金婚 純米無濾過原酒 十右衛門」（豊島屋本店・東京都東村山市）を上燗ですすめています。

芝海老の真丈椀

※レシピは73頁

女将のおすすめ

「芝海老真丈椀」には、カツオだしとシバエビのきれいな風味を邪魔しない酒を合わせたいですね。東京・秋川にある野崎酒造の「喜正」の純米酒を冷や（常温）かぬる燗がいいと思います。

芝海老のつまみ揚げ

「つまみ揚げ」というやり方が生まれたのは、シバエビに限らず素材を一本一本揚げていては手間だったからではないかと思うのです。それだけ江戸湾では魚介がたくさん獲れていたし、持ち帰り専用の安価な天ぷら店もたくさんありましたからね。揚げている途中で分解しないようにするには、それなりに技術が必要なのですが、老舗の江戸前天ぷら店の大将などはいとも簡単にやってのけていて感心します。シバエビは味がしっかりしているので塩だけでも十分おいしいです。

材料（2人分）

シバエビ……12尾
天ぷら衣※
※30頁の工程②〜③を参照
サラダ油
塩／天つゆ……各適量

シバエビ

つくり方

❶シバエビの硬い殻、背ワタを取る（頭と脚は残す）。尻尾の先を切り落とす。
❷背側に粉（分量外）を打ち、3本まとめて天ぷら衣にくぐらす。
❸170℃にサラダ油を熱し、シバエビがばらけないようにていねいに投入してからっと揚げる。油をきって、器に盛る。塩、または天つゆを添える。

芝海老の真丈揚げ／真丈椀

「芝海老真丈」のお椀は開業当初から当店の看板料理としてお出ししてきた思い入れのある一品です。いうまでもなく、シバエビは当店のある「芝」で獲れていた素材。いまでこそ産地は有明海などが大半を占めていますが、元来は江戸、東京の名物食材だったわけです。もともと真丈は揚げて餡をかける料理でしたが、シバエビの香り高い風味を最大限に生かすために改良を重ね、不要な要素をそぎ落とした椀ものに仕立てました。同じたねを使う揚げ真丈も調味は最低限にとどめ、シバエビのもつ上品な風味を味わう仕立てにしています。

材料（1人分）

《芝海老真丈》
シバエビ（むき身）……40g
ネギ（みじん切り）……5g
卵の素*……5mℓ
*卵黄1個分に対して食用油100mℓを少量ずつくわえながら混ぜ合わせて乳化させる。

《真丈揚げの仕上げ》
片栗粉
サラダ油……各適量

《真丈椀の仕上げ》
カツオだし……150mℓ
塩
醤油……各適量

つくり方

《芝海老真丈》
❶シバエビをねばり気が出てくるまで包丁でたたく。味見して塩気が弱いと感じたら、適宜塩（分量外）をくわえる。
❷ボウルに①、ネギ、卵の素を合わせ、たねがまとまるまで混ぜ合わせる。
❸直径3㎝くらいの球体に成形する。

《真丈揚げの仕上げ》
片栗粉をまぶした芝海老真丈を170℃のサラダ油で中心に火が入るまで揚げる。

《真丈椀の仕上げ》
❶芝海老真丈を1％の塩水で中心に火が入るまでゆでる。
❷鍋にカツオだしを張って火にかけ、塩、醤油で味をととのえる。
❸器に水気をきった①を盛り、②を張る。

コハダを使った人気のおかずは酒肴にも好適

こはだ大根煮

天保年間（1830年〜44年）につくられた「おかず番付」（141頁）に載っている一品です。コハダが江戸湾でたくさん獲れ、庶民の食卓に頻繁に登場していたことがわかりますね。コハダは煮る、焼く、酢で締めるといった調理法がありますが、これは素焼きしてからダイコンと一緒に煮るというひと手間かけた料理。こうばしい風味をまとったコハダが酒に合わないはずがありません。

材料（2人分）

コハダ……4尾
ダイコン……80g
カツオ節……ひとつかみ
酒……100㎖
醤油……20㎖

つくり方

❶コハダを掃除し、腹開きにする。焦げ目がつくまで両面を焼く。
❷ダイコンを幅3㎝くらいの輪切りにし、皮をむいて面取りをする。半分に切る。
❸水からゆで、やわらかくなったら流水にさらす。ゆで汁は取りおく。
❹鍋に③のゆで汁を張って沸かし、カツオ節をくわえて火を止める。
❺濾した④のだし1ℓを別の鍋に張って火にかけ、酒、醤油で調味する。①、③のダイコンを入れて弱火で1時間くらい煮る。

江戸湾の浅瀬に棲む特産品を3種の仕立てで

はぜの煮びたし

※レシピは 79 頁

※レシピは 79 頁

※レシピは 79 頁

江戸前

魚

はぜの煮びたし／湯引き／天ぷら

ハゼは江戸前を代表する魚だったにもかかわらず、いまは漁師がいなくて市場で見かけることも少なくなってしまいました。その一方で個人的にハゼ釣りを楽しんでいる方は多いようですね。今回は東京湾で獲れたハゼを3種の料理に仕立てました。天ぷらは当時も定番の食べ方で、淡白な味わい、つるっとした独特の食感が楽しめます。いっぽうで甘露煮も有名ですが、酒のつまみとしては、甘みをくわえていない煮びたしのほうが適しているでしょう。焼いてこうばしさをくわえたうえで、干して味を凝縮させてからやわらかく煮ました。もう1品はハゼの風味をそのまま味わえる湯引きです。口にする機会が減っている魚ですから、手に入ったらさまざまな料理に挑戦して、ちがった表情を楽しんでほしいですね。

煮びたし

材料（2人分）

ハゼ……4〜5尾
酒……100mℓ
醤油……10mℓ
ミリン……3mℓ
フキノトウ……1個

つくり方

❶ハゼの腹に包丁を入れて内臓を取り除く。両面に軽く焼き色がつくまで焼く。
❷風通しのいい場所におき、ひと晩干す。
❸鍋に水を張り、②をやわらかくなるまで6〜7時間中火で煮る。
❹酒、醤油、ミリンで調味し、煮汁がなくなるまで中火で煮る。
❺器に盛り、塩（分量外）をくわえた湯でゆでたフキノトウを添える。

湯引き

材料（1人分）

ハゼ……3〜4尾
ネギ（白い部分）
ボウフウ
ワサビ
醤油……各適量

つくり方

❶ハゼを三枚におろす。
❷皮目に熱湯をかけて、氷水で冷やす。
❸水気をふいて器に盛り、せん切りにしたネギ、ボウフウ、すりおろしたワサビと醤油を添える。

天ぷら

材料（1人分）

ハゼ……4〜5尾
ボウフウ……2〜3本
天ぷら衣※
※30頁の工程②〜③を参照
サラダ油
塩／おろし醤油……各適量

つくり方

❶ハゼの頭と内臓を取り除き、背開きにする。中骨は取りおく。
❷打ち粉（分量外）をした①のハゼの身とボウフウを天ぷら衣にくぐらせ、170℃のサラダ油で揚げる。
❸①のハゼの中骨を170℃のサラダ油で素揚げする。
❹②と③を器に盛り、塩をふる（または、おろし醤油を添える）。

江戸前
魚

急な来客時に出せる野趣あふれるお手軽つまみです

鰯の焼き味噌和え

活きのいいイワシを手でちぎって焼き味噌で和えた野趣あふれるつまみです。出典は『臨時客応接』という幕末の料理本。要は急な来客の際に、時間をかけずに出せる〝時短つまみ〟というわけですね。包丁を使わずにイワシを手でちぎることで味噌がよくからみ、より力強く、荒々しい印象に仕上がります。

材料（1人分）

イワシ……1尾
味噌……20g
ネギ……1／5本
タカノツメ……適量

つくり方

❶イワシの頭を取り除き、手開きにして内臓、骨、皮を取り除く。水で洗って水気をふき取り、ひと口大にちぎる。
❷木製のしゃもじに味噌を塗りつけ、焦げる手前まであぶる。
❸①と②を器に合わせて和え、せん切りにしたネギ、種を取ってきざんだタカノツメ（一味トウガラシでも可）をくわえて混ぜ合わせる。

女将のおすすめ

ちょっとした裏技ですが、生酒を燗でお出しししています。精米歩合70％で、コメの味がしっかり感じられる石川酒造（東京都福生市）の「八重菊 生酒」が最適です。

煮アナゴとはひと味ちがうこうばしい風味

焼き穴子の煮びたし

※レシピは 84 頁

穴子の煮凝り

夏に食べられていた煮凝りを箸で切れるやわらかさで

※レシピは85頁

女将のおすすめ
煮凝りのキャラメルのような風味には、熟成感のある古酒を合わせたくなります。しっかりした味わいのある下り酒（40頁）の古酒がいいでしょう。

焼き穴子の煮びたし

東京の大塚で江戸料理店「なべ家」を営んでいた福田浩先生のお話を参考にしてつくった料理です。アナゴに限らず、江戸時代は魚を焼いてから煮るという調理法はめずらしくなかったようですね。焼くとこうばしい風味がくわわるので、煮アナゴとは違うキレのあるおいしさが感じられます。ヒレの周辺はよりこうばしいので、残したまま調理するのも肝要です。

材料(2人分)

アナゴ……2尾
ネギ(白い部分)……2本分
水……1ℓ
酒……200㎖
タカノツメ……1本
醤油……適量

つくり方

❶アナゴを背開きにし、内臓を取り除いて中骨をそぎ落とす(ヒレは残す)。中骨は適宜に切って取りおく。
❷軽く焼き目がつくまで、①のアナゴの身の両面をあぶる。3㎝幅に切る。
❸ネギを3㎝幅に切る。焼き目がつくまで焼く。
❹鍋に水と酒を張り、種を取って輪切りにしたタカノツメ(市販の輪切りのトウガラシでも可)を入れて沸かす。
❺④に②、③、①で取りおいたアナゴの中骨をくわえ、中火でひたひたになるまで煮詰める。醤油で味をととのえる。中骨を取り除いて器に盛る。

穴子の煮凝り

煮凝りというとしっかり固めた料理を想像する方が多いと思いますが、今回は箸で切りやすくするためにに少しやわらかめの仕立てにしています。しっかり固めたい場合は、寒天の量を増やしてみてください。また、アナゴはやわらかくなった時点で一度取り出すことで、身がふっくらと仕上がります。なお当時、煮凝りは夏の品とされていました。掘井戸の内側に下げて冷やし固めていたようですね。

材料（2人分）

アナゴ……1尾
水……2ℓ
酒……100㎖
醤油……100㎖
ミリン……100㎖
寒天……5g
ショウガ汁……1滴

つくり方

❶アナゴを背開きにし、内臓を取り除いて中骨をそぎ落とす。皮目に熱湯をかけ、包丁の背でぬめりを取り除く。
❷鍋に水を張り、酒、醤油、ミリンをくわえて沸かす。
❸①を入れ、やわらかくなるまで煮る。アナゴを取り出し、煮汁は取りおく。
❹③の煮汁を濾して鍋に張り、水（分量外）でもどした寒天をくわえる。味が凝縮し、半分以下の量になるまで煮詰める。粗熱をとり、ショウガ汁をたらす。
❺器に③のアナゴを並べ、④の煮汁を流す。冷蔵庫で冷やし固める。

魚 江戸前

ネギと味噌を合わせた酒に合う万能の調味液です

あさり草和え

生のネギをすり鉢ですって味噌を合わせ、酒やだしでのばしたもので素材を和えた料理を「草和え」といいます。ネギのにおいのせいか、もともとは「臭和え」と表記されていました。江戸時代の料理書には牡蠣やタケノコの草和えといった料理も載っていますし、ほかにもカツオなどの魚介やコンニャクを主素材に使ってもいいでしょう。ネギから出た水分が味噌やだしと一緒になった調味液は、どんな素材と合わせても気の利いた酒肴に仕上がるすぐれものです。

材料（4〜5人分）

アサリ……殻付きで500g
ネギ（青い部分）……50g
味噌……5g

つくり方

❶砂抜きしたアサリを殻が開くまでゆでる。ゆで汁は取りおく。
❷①のゆで汁を適量鍋に張り、1／5量になるまで煮詰める。火からおろして冷ます。
❸きざんだネギと味噌をすり鉢に合わせ、好みの濃度になるまで②のだしをくわえながら、すりこぎですり混ぜる。
❹殻から取り出した①のアサリをたっぷりの③で和える。

女将のおすすめ　81頁で紹介した「八重菊 生酒」をこの品にもぜひ。

夕方に売りにくるアジにはタデ酢が江戸流です

焼き鯵のたで酢添え

タデ酢といえばアユに合わせる印象がありますが、江戸時代にはアジもタデ酢で食べるのが定番だったようです。青魚特有の風味とタデの青っぽさの相性のよさが楽しめます。タデ酢は好みに合わせて、濃度や塩分を調整してみてください。アジは夕方に専門の魚屋が売りにきて、それを「夕鯵」と呼んでいました。この料理も庶民の食卓に並んでいた酒肴であり、おかずだったと思います。

材料（つくりやすい分量）

《焼き鯵》

アジ……1尾

《蓼酢》

タデの葉、塩、酢……各適量

塩……適量

《仕上げ》

ハジカミ……2本

つくり方

《焼き鯵》

アジを三枚におろし、塩をふる。両面を焼く。

《蓼酢》

❶タデの葉を塩でもみ、流水にさらす。水気をきる。

❷すり鉢に入れ、すりこぎですりつぶす（包丁でたたいてもよい）。

❸器に②を入れて塩で調味する。好みの濃度になるまで酢をくわえ、混ぜ合わせる。

《仕上げ》

焼き鯵に蓼酢をまとわせ、器に盛る。ハジカミを添える。

素材を生かしたいかにも江戸前の料理です

たこと大根の酢味噌和え

文化3年（1806年）に発行された料理書『懐石料理細工庖丁』に載っている料理です。タコはゆでただけ、ダイコンは生のまま。そこに酢味噌をかけただけの素材を生かした簡素な仕立ては、いかにも江戸前といえるでしょう。酢味噌は万能の調味料で、魚全般、貝類、海藻、野菜など、なんにでも合わせられますから、まとめて仕込んでおくと便利です。

材料（3～4人分）

タコの足……1本
ダイコン……1／4本
酢味噌＊
一味トウガラシ……各適量

つくり方

❶タコの足をゆで、ひと口大に切る。
❷ダイコンを厚さ2～3㎜の薄切りにする。塩（分量外）を薄くまぶす。
❸器に①と②を交互に盛り、酢味噌をかける。一味トウガラシをふる。

＊酢味噌
❶味噌15g、酢15㎖、卵黄2個分を湯せんをしながら混ぜ合わせる。
❷とろっとしてきたら氷水にあてて冷やす。
❸布で濾して一味トウガラシを適量くわえる。

女将のおすすめ　タコは咀嚼しているあいだに口の中にその風味が広がります。そこに本枯カツオ節の香りをつけた「東京ジン」に梅干しをくわえたソーダ割りを流し込む。ときには意表を突くのも悪くないでしょう。

江戸前
魚

江戸湾で獲れたサワラの餡かけは定番おかず

鰆の餡かけ

江戸湾ではサワラも獲れていたようです。それが証拠にこれも「おかず番付」（141頁）に載っています。サワラは青魚のような風味がありつつ、身が厚くて食べごたえがある特徴的な魚です。サワラで取っただしもほかの魚にはない独特の淡い味わいがあります。そのだしにとろみをつけた「餡かけ」という現代でも定番の料理が、江戸で食べられていたというのも意外かもしれませんね。

材料（2人分）

サワラ……200g
塩……適量
ニンジン（せん切り）……5g
ゴボウ（せん切り）……5g
ネギ（せん切り）……5g
ミツバ……5本
くず粉……適量

つくり方

❶サワラに塩をふり、切り身にする。
❷湯通ししてから、中心に火が入るまでゆでる。水気をきる。ゆで汁は取りおく。
❸鍋に②のゆで汁を張って温め、ニンジン、ゴボウ、ネギとミツバをくわえて煮る。湯で溶いたくず粉をくわえてとろみをつける。
❹器に②のサワラを盛り、③をかける。

江戸前 魚

たい

〈鯛〉

江戸時代においても、タイ（マダイ）はおめでたい席には欠かせない魚だった。祝いごとがあれば宴席でタイの料理を出したり、お頭付きのタイを贈り合ったりする記録が残っている。タイは現代同様に房総や伊豆で揚がっており、上総湊では献上用のタイが獲られていた。江戸時代初期の料理書『料理物語』には魚の部の筆頭にタイが載っていて、田楽、寿司、吸いものといった多彩な料理が紹介されている。めずらしいところだと、杉の板にタイをのせて焼く「杉やき」、干物にしたタイをあぶってからむしってたたき、綿状にした料理などもある。当時魚は上・中・下に格付けされ、当然のことながらタイは「上」に分類されていた。庶民にとっては高嶺の花だったはずだが、古典落語のなかには「タイなんて淡白な魚は病人の喰うもの。江戸っ子はマグロだよ」といった負け惜しみとも取れる台詞が出てくることもある。

鯛とろろ

材料（2人分）

タイの上身……100g
塩……適量
ヤマイモ（すりおろし）……100g
山椒（乾燥）……適量

つくり方

❶タイの上身を1.1％の塩水にひと晩浸ける。血合いなどを取り除き、皮を引く。
❷①を身がくずれるまでゆでる。ゆで汁は取りおく。
❸すり鉢に水気をきった②のコダイの身、ヤマイモ、②のゆで汁を少量合わせ、すりこぎですり混ぜる。
❹器に盛り、山椒をのせる。

せっかくのタイをわざわざすりつぶしてとろろにするという贅沢な料理です。天明5年（1785年）に刊行されたタイに特化した献立集『鯛百珍料理秘密箱』（通称「鯛百珍」）に載っています。こういった手間のかかる料理は、お屋敷や高級な料理屋で好まれたのかもしれませんね。コダイは焼いても構いませんが、ゆでてその汁を足すことで、風味がより強調されます。当店ではタイの代わりにキスを使うこともありますし、味噌をくわえてこくを出してもいいでしょう。

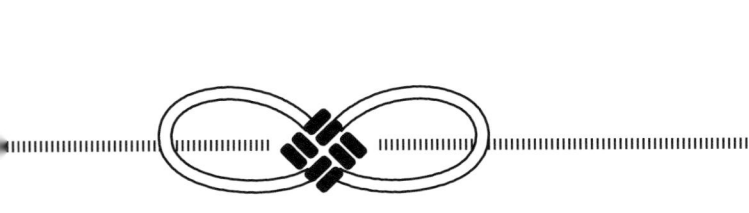

江戸時代の料理書に頻繁に登場する「掻鯛《かきだい》」です。タイの上身を包丁で引っかくようにそいで切りつけた刺身なのですが、どのような理由でこの方法が採られていたのかはよくわからない。タイはめでたい席で供されていましたから、もしかしたら縁起をかついで「切る」ことを避けていたのかもしれません。いずれにしても、このやり方だと切り口がぎざぎざになるので、調味料がからみやすくはなります。ここでは江戸時代では定番だった煎り酒にひたしたなますと、タイの身を上品に味わう吸いものに仕立てました。

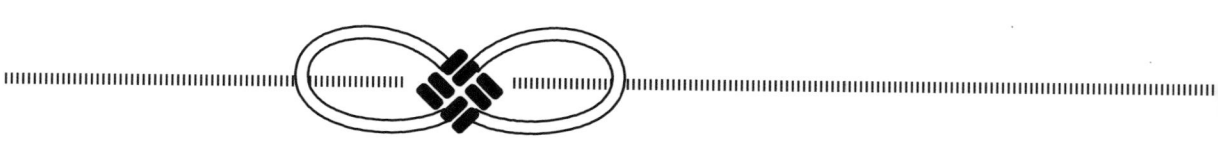

掻鯛のなます

材料（2人分）

タイの上身（皮付き）……1尾分
煎り酒（→11頁）
ヒジキ
キクの花
ワサビ……各適量

つくり方

❶タイの上身を端に目打ちを刺し、もう一方の端から出刃包丁で掻き取るように身をそぐ。半分は吸いもの用に取りおく。
❷煎り酒にひたして器に盛り、水でもどしたヒジキとキクの花、すりおろしたワサビを添える。

掻鯛の吸いもの

材料（2人分）

カツオだし……400㎖
塩……3g
醤油……1滴
ワサビ……適量

つくり方

❶鍋にカツオだしを張って温め、塩、醤油で調味する。
❷「掻鯛のなます」の①で取りおいたタイの身を重ねて器に盛る。
❸①を張り、すりおろしたワサビを天に盛る。

※料理写真は次頁

江戸前 魚

「上魚」のタイは高級料理店で出すような上品な仕立てに

鯛とろろ

搔鯛の吸いもの

※レシピは94～95頁

女将のおすすめ 上品なタイの料理3品には2011年に芝で開業した東京港醸造の「江戸開城」の純米吟醸原酒がいいでしょう。使用米や酵母などが異なる商品が出ているので、飲み比べてみてください。

【寄稿】

「こんなに豊かだった江戸の酒肴」

飯野亮一

江戸の人々はどのような肴で酒を楽しんでいたのだろうか。『居酒屋の誕生』などの著書がある食文化史研究家の飯野亮一氏に、当時の資料をもとにして彼らの意外にも恵まれた〝酒呑み生活〟を再現していただいた。

一　江戸っ子の酒の肴の入手ルート

江戸っ子は多彩なつまみで酒を愉しんでいた。それを可能にする入手ルートがあったからで、江戸っ子はさまざまなルートで酒の肴を入手していた。

(一)　振り売りから買う
(二)　屋台からテイクアウトする
(三)煮染屋や刺身屋からテイクアウトする
(四)料理茶屋や仕出し屋からデリバリーしてもらう

などである。

それでは、江戸っ子がこれらのルートからどのようにして酒の肴を入手していたのか、以下に眺めていこう。

二　振り売りから買う

(一)　季節の食べ物売り

江戸の町には、振り売りという行商人がいて、さまざまな季節の売り物を担いだり提げたりして、呼び声をあげて売り歩いていた。浅草の煙管問屋の息子で俳人の村田了阿が記した『市隠月令《しいんがつりょう》』(文化年間・一八〇四年〜一八年)には、その様子が載っているが、そのうちの食べ物売りを抜粋して紹介してみる。

正月　干大根売の声は、去年《こぞ》より聞ゆれど、初春は殊に長閑におもはる。殻蜊《からあさり》(殻付きのあさり)、於古《おご》(おごのり)の声、又よし。早き歳は月半よりはなだ大根売の声きこゆ、又春めきてよし。むし鰈《かれひ》売の声、又よし。

二月　田螺《たにし》売、松露売、蓮根、烏芋《くわい》売、三葉、芹売、栄螺《さざえ》売、ひらめ売など、皆春めきてよし。蛤《はまぐり》売もよし。

三月　蕗《ふき》売、新牛蒡売、桜鯛売、鮒売、烏賊《いか》売、蕨売、いとよし。

四月　胡瓜売、空豆《そらまめ》売、鰹売、飛魚売、漬梅《つけうめ》売、自然薯《じねんじょ》売、干鱈《ほしだら》売、鯛売、干鰒《ほしあわび》売、麦こがし売、白玉売、くだり(下り飴)売、筍《たけのこ》売、いずれも声ゆかし。

五月　茄子売、隠元さゝげ売、石花菜《てんぐさ》(ところてん)売、枇杷実《びわのみ》売、声いさぎよし。

六月　真桑瓜、越瓜《しろうり》、丸漬瓜、西瓜、夏桃よぶ声いづれも暑し。鰌《どじょう》売、蒲焼売、殊に日盛によびありく。いと暑し。夕河岸の鯵うる声は涼し。

土用に入る日より、新芋つとめて声聞ゆ。いよいよ秋のあはれ身にしむ心地す。夜も少し延びたりとおもふ頃おでん売声す。昔は秋の末より寒中をむねとありきしが、今は門涼《かどすずみ》の比《ころ》、専ら売る事とはなりぬ。

七月　ずいき売、十六さゝげ売、刀豆《なたまめ》売、声暑し。

納豆売、菜漬売は、九月末より十月霜月を専らにありきしが、今は立秋の日より来る。いと悲しきもの也。

ゆで豆(ゆでた枝豆)売も、昔は盆過より月見頃売しを、今は五月末よりも売あるく。

八月　葉薑《はしやうが》売、鯲《どぢやう》売、梨子《なし》売、柿売、初鮭売、紫蘇《しそ》売、さびし。

九月　薩摩芋売、大根売、栗売、漬菜《つけな》売、いづれも声さびし。

十月　さんま売、大福餅売、いと哀也。

胡蘿蔔《にんじん》売る声、岩槻葱売る声、や丶寒く聞ゆ。

むき身売、牡蠣《かき》売る声、寒し。干大根〳〵とよぶものあり。是はふとき大根の香の物の料也。その声いと陰気也。

霜月　干海苔売る声めでたし。こは早春をむねと売る者故、春めきて聞ゆ。冬菜《とうな》（唐菜）売る声も、少し春の心地す。蜜柑売もおなじ。魴鮄《ほうぼう》・金頭《かながしら》売る声、昆布巻売る声寒けれど陽気をふくめり。

極月　月末に、塩鰹・鮭売る声、ごまめ・数の子・生干《なまり》（生節《なまりぶし》）・蒸《むし》鰈《かれひ》・塩鱈売る声、晦日の夜、あんも（餡餅）焼売る声、干芋《ほしいも》、胡蘿蔔《にんじん》、牛蒡売る声、みるとみ、聞くとき く程の物、心よからぬはなし。

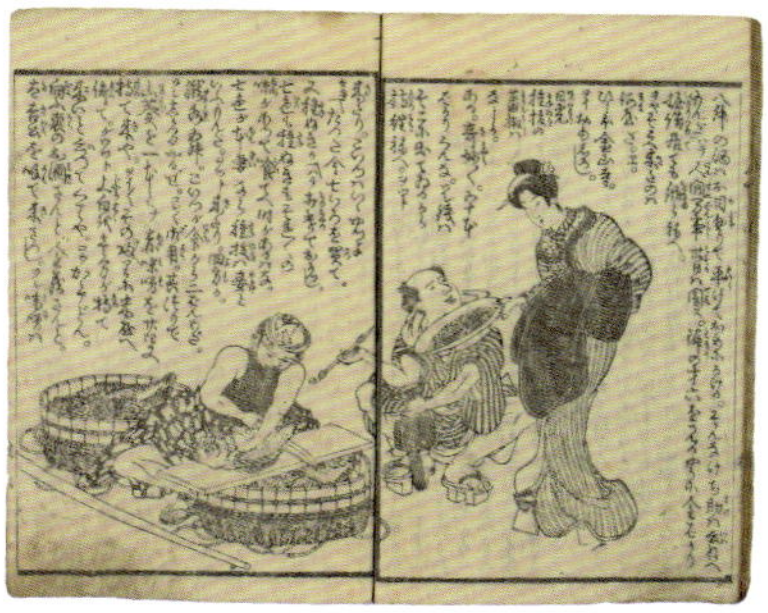

大きな皿を持った女性が魚屋からおろしたばかりの魚を購入する図。『四十八癖』二篇（文化十年）

ここには、今ではとても味わうことのできない豊富な旬の食材が流通していたことや、売り手と買い手のあたたかい心の交流を感じ取ることができる。

この内夕鯵売り、おでん売り、ゆで豆（ゆでた枝豆）売り、おでん売りを通して、江戸っ子と季節の肴とのかかわりをみてみよう。

①夕河岸の鯵売り

鯵は江戸っ子に好まれた江戸前の魚で、日本橋魚市場の近くに居住した医師の武井周作は、連日魚市場に出かけていって、その様子をつぶさに観察し、その成果を『魚鑑』（天保二年・一八三一）にまとめているが、江戸前の「あぢ」について、

「あぢ〈略〉春の末より秋の末に至るまで尤《もっとも》多し。就中《なかんづく》夏月夕河岸（夕漁）のものを酒媒《さけのさかな》の珍とす。大サ一二寸、肥円《こへまる》く腹中《はらに》あみ「アミエビ」満《み》つ。これをなかふくらといふ。生熟《なまにる》皆香美《かうみ》なり。上下《かみしも》ともに賞美《しやうび》す」

と記している。特に夏の鯵は美味で酒の肴に珍重されている。夕方日本橋の魚河岸にあがった鮮度のよい鯵が売られていて、

○「夕鯵の声は売人《うりて》も生《いき》てはね」（柳多留一二二別篇　天保四年・一八三三）

○「夕河岸はひとしほ旨き鯵の魚」（同）

などと詠まれている。

江戸の魚売りは客の求めに応じて魚を下ろしてくれたので、鯵は好みの食べ方で食べることができたが、江戸っ子は塩焼にして食べるのを好んだ。鯵の塩焼は、蓼酢をかけて食べるのが江戸風の食べ方で、

○「蓼と酢で待つ黄昏《たそがれ》の魚の声」（柳多留一三六篇　天保五年・一八三四）

と蓼酢を作って夕鯵売りの来るのを待ち構えている。

煮物にするときは、茄子といっしょに煮て食べたりしていて、

○「鯵うりが来べき宵だと茄子を買」（柳多留五六篇　文化八年・一八一一）

と夕鯵に合せて茄子を買い求めている。

②ゆで豆売り

ゆで豆とはゆでた枝豆のことで、江戸時代後期の風俗を解説した『守貞謾稿』（嘉永六年・一八五三）には、

「湯出莢《ゆでまり》売り　三都ともに夏月の夜、これを売る。特に困民の業とす。男子あり、あるひは婦あり。（中略）江戸はこの莢《まめ》を枝豆と云ふ。故にこれを売る詞《ことば》も「枝豆や〳〵」と云ふ。けだし婦は江戸に多し」

とあって、夏の夕方になると枝豆売りが江戸の町を巡っていた。

ゆでた枝豆はご飯のおかずというより酒の肴に合う。江戸っ子が、暑い夏の盛りに、団扇の風にあたりながら、枝豆を肴に晩酌を愉しんでいる姿が目に浮かぶ。

③おでん売り

おでん売りはこんにゃくのおでんと一緒に燗酒も売っていたのでおでん燗酒売りといった。

おでん燗酒売りは、とくに寒い夜などには歓迎され、「ア丶寒ひ晩だ。風鈴か、蒟蒻のおでんが来ればい丶」と心待ちにされている（『人《ひと》心鏡写絵《こゝろかゞみうつしゑ》』寛政八年・一七九六）。風鈴とは風鈴蕎麦売りのことである。そば売りの屋台は風鈴を吊るしていたのでこう呼んだ。

やがて、おでん売りが加わり、おでん種には里芋が加わり、おでん売りが「おでんおい

もも有」と売り歩くようになった。

こんにゃくや里芋のおでんを売るおでん燗酒売りは、江戸で人気を得て繁盛し、山東京山作の『菊《きく》寿童霞盃《じゅどうかすみのさかずき》』（文政十年・一八二七）には、「日もはや暮れて、薄月夜」のなかで、大勢の人が「おでん かん酒」売りを取り囲んで酒を飲んだり、おでんを食べたりしている。コンビニがなくても、江戸っ子はおでんと燗酒で一杯飲めたし、それを持ち帰って、気ままに家飲みを愉しむことが出来た。

おでん燗酒売りは、蒟蒻と里芋に味噌を塗って売っていたが、明治時代になると煮込みおでんに発展していく。

(二)オールシーズンの食べ物売り

季節の食べ物売りのほか、豆腐売り、まぐろ売り、すし売り、ゆで玉子売りといった、季節にかかわりのない食べ物を売り歩く振り売りもいた。

江戸っ子はこうしたものも買い求めて酒の肴にしていたが、簡単に作れる料理の湯豆腐やねぎま鍋などを好んだ。

湯豆腐はひとり者でも簡単に作れる酒の肴で、

○「湯どうふの有ゆゑ人の二日酔」（武玉川三編　宝暦二年・一七五二）

などと詠まれている。

ねぎま鍋のまぐろは、長屋住いの人々の食べ物で、まぐろ売りが長屋の路地を売り歩き、

○「まくろうり安いものさとなたを出し」（川柳評万句合　明和八年・一七七一）

とまぐろを鉈でぶった切って売っていたが、ぶった切ったどて（土手）（大きな切身）は、

○「どつちても御取りなさいとまぐろうり」（同　天明元年・一七八一）

と俎板の上に並べていた。そして、そのどてを買う人が、

○「此どてはいくらだとねぎ下げて居る」（同　天明二年・一七八二）

と、ねぎを携えながら値段を聞いている。まぐろのどてを買って帰って、これから酒の肴にねぎと一緒に煮て、ねぎま鍋にして食べようというわけだ。

三　屋台からテイクアウト

(一)　食べ物屋台の繁昌

江戸の町には、いたるところに食べ物を売る屋台が出ていて、江戸っ子は屋台からも酒の肴を買うことが出来た。式亭三馬の『七癖上戸』（文化七年・一八一〇）では、六畳一間の長屋に住む夫婦が、突然訪れてきた客をもてなすために、女房が屋台から刻みするめ、慈姑《くわひ》、赤螺《あかにし》、焼沙魚《やきはぜ》、竹輪豆腐などの煮《に》付物《つけもの》を竹の皮に包んで買ってきて、それを皿に盛りつけて酒の肴として出している。

屋台では、天ぷらや煮染などを竹の皮に包んで売っていて、江戸っ子は仕事帰りに、手ぶらでも屋台から酒の肴を買って帰ることが出来た。

(二)　ワンコイン屋台の四文屋

屋台のなかでも、明和五年（一七六八）に新鋳《しんちゅう》された四文銭一枚で買えるワンコイン屋台が増えていき、幕臣柴村盛方の風俗見聞記『飛鳥川』（文化七年・一八一〇）は、「煮魚、にしめ、菓子の類、四文屋とて、両国は一面、柳原より芝までつゞき、大造《だいそう》なる事也」と四文屋の繁昌ぶりを伝えている。四文屋の前にはテイクアウトしやすいように串に刺したものが並べられていた。

江戸っ子は、ワンコインフードも屋台から安価な酒の肴を買うことも出来た。

四　煮染屋や刺身屋からテイクアウト

(一)　煮染屋に並ぶ酒の肴

江戸の町には屋台とは別に煮染を売る店があった。煮染を売る店を菜屋《さいや》ともいい、『守貞謾稿』には、

「菜屋　江戸諸所往々これあり。生鮑《あわび》・するめ・刻《きざみ》するめ・焼豆腐・蒟《こん》にやく・くわひ・蓮根《れんこん》・牛蒡《ごぼう》・刻牛蒡等の類を醤油の煮染《にしめ》となして、大井鉢に盛り、見世棚にならべこれを売る」

とある。町の所々に菜屋（煮染屋）があって、大きな丼鉢に盛られたさまざまな煮染類が店の棚に並んでいたが、こうした江戸の煮染にはこだわりがあった。大坂人の西沢一鳳は、

「食物の内、煮染といへるは、醤油にて煮さへすれば、にしめと心得たるは僻事《ひがごと》のよし、さる料理家に聞けり。松魚《かつお》のだしをよく煮出して、酒また醤油を化し、煮べき品を分量して、その汁をその品に煮付れば染《しみ》る也。これを煮染といふて十種あらば十遍に煮る」（『皇都午睡』初編　嘉永三年・一八五〇）

と江戸の煮染は食材ごとにかつおの出汁を利かせ、酒や醤油を加減して煮染めていることに注目して

いる。

味付けにこだわった江戸の煮染類は酒の肴に好適だった。

（二）刺身屋には鰹や鮪の刺身

江戸には「刺身屋」も方々にあった。『守貞謾稿』は「今世、江戸にありて京坂にこれなき生業」を紹介しているが、その一つが刺身屋で、「刺身屋　鰹およびまぐろの刺身を専らとし、この一種を生業とする者諸所に多し。銭五十文、百文ばかりを売る。麁製《そせい》なれども、料理屋より下直なる故に行はる。けだし枯魚〔干物〕の類少しづゝ兼ね売り、あるひは鮮魚も格別下直《げじき》の日は売る」とあって、刺身屋では主に鰹と鮪の刺身を売っていたが、そのほかの刺身も日によって売っていた。

江戸っ子は、この刺身屋に買いに行くと、刺身に二、三種類のつまを添えて綺麗に盛り付けてくれたので、テイクアウトしてそのまま酒の肴にすることができた。

五　料理茶屋や仕出し屋からデリバリーしてもらう

（一）料理茶屋からの仕出し

酒の肴はテイクアウトすることが出来たが、今の料亭にあたる料理茶屋からデリバリーしてもらうことも出来た。

料理を注文に応じて調理して出前することを「仕出し」といったが、江戸で繁盛していた料理茶屋が仕出しをしていた。武陽隠士の『世事見聞録』（文化十三年・一八一六）は、

「料理茶屋の繁昌なる事、譬へば同志のもの十人二十人、一群にて不意に参り、金五両拾両の価なる料理を好むに、何時も差支へなく即時に調ふなり。今の十両は米三十俵余の価なり。右体大勢連れの客が幾群参るとても、いさゝか差支へなき程の支度を、日々仕込み置く事なり。此の如きのもの江戸中に所々ありて、また仕出しと云うて、何百人前にても誂へ人次第、いづれまでも持ち出すなり」

と、料理茶屋が繁盛し、料理茶屋では予約なしでも大人数の客に即座に対応でき、仕出しもしていると記している。江戸の商店のガイドブック『江戸買物独案内《ひとりあんない》』（文政七年・一八二四）には、六三軒の料理茶屋が載っているが、その内の二五軒は「仕出し」を行っている。江戸では仕出しの需要がかなりあったことがうかがえる。

（二）仕出し屋からの仕出し

江戸には、仕出しを専門にする「仕出屋」もあった。

為永春水の人情本『春色英対暖語』（天保八年・一八三七）には、仕出屋から酒の肴を取り寄せる場面がある。

主人公の宗次郎は、夕暮時ににわか雨に遭い、人家の軒下に駆け込んで、雨の上がるのを待っていたが、ますます雨脚が強くなる。雨宿りした家には、芸者の増吉が母親と二人で暮していた。増吉は外が暗くなってきたので表の戸を閉めようとして雨宿りする馴染み客の宗次郎に気づき、家に招き入れる。宗次郎は帰る機会をうかがっていたが、風雨がますますひどくなり、結局、この家で一夜をあかすことになる。そうときまればということで、宗次郎は母親に金を渡して、酒と肴の工面を頼む。母親は一軒隣りの仕出し屋に酒と肴を注文し、間もなく「仕出し屋より三ッ物と酒をもつて」来る。

「**仕出し**「ヘィ大きにおそなはりました。

ます〔増吉〕「ハィ是はお世話でござゐます。とんだはやかつたョ。雨でお困りだらふねへ。

仕出し「ハイどふいたしても、お平《ひら》なんぞは冷《さめ》ましたらふ。どうぞお温《あたゝめ》なさつて下さいまし。そしてこれがお釣でございます。ト銭《ぜに》を出《いだ》して、

仕出し「しけでござゐますが此《この》お天気だから、モゥ今晩は早仕舞《はやこまひ》にいたすつもりでおまけ申て上《あげ》ます。

ます「ヲャ左様《さう》かへ。それは大きに。

仕出し「ヘィ左様《さやう》ならば。ト立出る。

ます「ヲャ、御酒も温めて来たそふだ。サア直《すぐ》にめし上りませんか」

といって、増吉は宗次郎に酒と肴を勧めている。仕出し屋は、風雨の激しい中でも、酒の肴と燗酒を即座に出前してくれている。

江戸では家に居ながらにして、料理屋や仕出し屋の料理を酒の肴として味わうことが出来た。

今はやりのデリバリーイーツ顔負けのサービスが、江戸の町では行われていた。

江戸っ子は、振り売りから買ったもの、屋台・煮染屋・刺身屋などからテイクアウトしたもの、料理屋や仕出し屋からデリバリーしてもらったもの、などを肴にして酒を愉しんでいた。

江戸・東京で食べられた「鳥獣料理」

日本では律令国家が成立して以降、仏教の影響で肉食が避けられており、江戸時代になっても基本的にその習慣が変わることはなかった。とくに5代将軍綱吉の時代には肉食を禁忌する風潮が高まるが、1800年代に入ると風向きが変わってきたようで、『守貞謾稿』をはじめとする資料に獣肉に関する記述が増えてくる。幕末には獣肉専門の料理店も営業していた。当時は上野、下野、常陸、下総などの山間部から河川を利用して獣肉が江戸に運ばれていたと思われ、本書で紹介する以外にもシカ、ウサギ、タヌキなども食べられていたようだ。一方で鴨や鴈などの野鳥に関しては禁忌の対象とはならず、早くから食用にされていた。

いのしし〈猪〉

猪と日本人との関係は古く、すでに縄文時代には口にしていた。江戸時代初期の江戸でも食用にしていた記録が残っているが、獣肉は穢れがあるといわれていたため、「薬喰い」（薬用）として食べていたようだ。のちに麹町に獣肉の専門店が開業し、18世紀後半には「獣肉屋」も登場する。獣肉であることを明示しないために、当時は猪肉や豚肉のことを「山くじら」とも呼んだ。（関連１０４頁）

とり／しゃも〈鶏／軍鶏〉

ニワトリは観賞、闘鶏用に飼われていたが、江戸時代後期に乱獲によって野鳥の数が減少するにしたがって、食肉としての需要が高まってくる。そのころにはタイから入ってきた闘鶏用のニワトリを「しゃも（軍鶏）」と呼んで食用とし、江戸に「軍鶏鍋」の専門店も登場する。一方で在来種のニワトリは「地鶏」、あるいは「かしわ」と呼ばれた。いずれも肉は硬かったとみられ、もっぱら煮て食べられていたようだ。（関連１０８頁）

かも〈鴨〉

獣肉とちがって鳥類に対する禁忌はなかったので、鴨は古くから食用にされていた。江戸時代には野鳥が乱獲されていたようで、8代将軍吉宗の時代に向こう3年のあいだ鴨をふくむ鳥類を食用や贈答品にすることを禁じる触れが出ている。それでも江戸では引き続き鴨肉が親しまれた。（関連１１０頁）

うし〈牛〉

家畜を食べることは忌避されていたので、牛肉は干し肉や味噌漬けに加工し、「薬用」として流通していたようだ。とはいえ、口にするのは諸大名などの身分の高い層に限られていた。大っぴらに食べられるようになったのは幕末のことだ。明治時代になると在留欧米人向けに牛肉を売る店が開業し、文明開化の象徴として「牛鍋」が東京で大流行した。（関連１１４頁）

ぶた〈豚〉

獣肉が禁忌されていたこともあり、豚の飼育に関する記録は限られている。外科医が実験用に、あるいは諸大名が飼い犬の餌として、はたまた生ごみを処理するために飼われていたという断片的な資料は存在するが、長いこと食肉としての価値は見出されていなかったようだ。それが江戸時代も最終盤になってようやく食用として市井に出まわるようになった。（関連１１６頁）

猪で取っただしを江戸味噌だけで調味します

※レシピは 106 頁

女将のおすすめ　味噌風味の野趣あふれる味わいの猪鍋には、こくのある山廃仕込みの酒を上燗で合わせてみてください。

猪の吸いもの

脂がのった猪の風味を生かした仕立てです

※レシピは 107 頁

猪《しし》鍋《なべ》

猪肉を使った代表的な料理がこの猪鍋です。昭和に入ってからは「牡丹鍋」と呼ばれるようになりました。調味は基本的に江戸味噌だけなので、武骨で力強い味わいです。好みで醤油やミリンをくわえてもかまいませんが、江戸味噌だけの調味は猪の荒々しい味わいと合うだけでなく、当時の味に近づくようにも思います。

材料（2人分）

水……1ℓ
猪のスネ肉、または端肉
……100g
江戸味噌……50g
猪のロース肉……300g
ネギ……1本
ミツバ……1束

つくり方

❶鍋に水を張り、適宜に切った猪のスネ肉、または端肉を入れて中火でゆでる。濾す。
❷①のだしを鍋に張って火にかけ、江戸味噌を溶き入れる。
❸薄切りにした猪のロース肉とネギ、適宜に切ったミツバを入れ、肉に火が入るまで煮る。

猪の吸いもの

だしがよく出る猪の硬いスネ肉を使って吸いものに仕立てました。猪の吸いものは江戸時代後期には安価な居酒屋でも提供されていたようですね。当時出まわっていた肉類のなかでいちばん脂がのっていたのが猪ですから、こってりした料理が少なかった当時は貴重な存在です。庶民に人気だったのではないでしょうか。

材料（2人分）

水……1.5ℓ
猪のスネ肉……200g
酒……50mℓ
塩
醤油……各適量
ゴボウ……20g
ネギ……5cm分
ニンニク……1片

つくり方

❶猪のスネ肉をゆでこぼし、水（分量外）で洗う。水気をふき取る。
❷鍋に水を張り、酒をくわえて①をやわらかくなるまで3〜4時間煮る。煮汁は取りおく。
❸鍋に濾した②の煮汁を張って温め、塩、醤油で調味する。
❹③に薄切りにした②、ささがきにしたゴボウ、せん切りにしたネギ、薄切りにしたニンニクを入れ、さっと煮る。

ショウガと
ワサビを
たっぷり
溶き入れる
不思議な鍋です

もうりょう

「もうりょう」は漢字では「毛翎」と書きます。中国料理の影響を受け、はじめは長崎でつくられていた料理だそうです。ダイコン、ゴボウとともに鶏肉をさっぱりと味わうものなのですが、不思議なのが前出の『黒白精味集』には鍋の中にすりおろしたショウガとワサビを溶き入れるとあります。今回はだしが濁るので両者を添えるかたちとしましたが、だまされたと思ってショウガもワサビもふんだんに溶き入れてから食べてみてください。ワサビのつんとした香りのあとにショウガの辛みや甘みが感じられ、新たなおいしさを発見できると思いますよ。

材料（4人分）

丸鶏（中抜き）……1羽
ダイコン……1／3本
ゴボウ……1／2本
塩、ショウガ、ワサビ……各適量

つくり方

❶丸鶏を中心に火が入るまでゆで、身を食べやすい大きさにむしる。ゆで汁は取りおく。
❷ダイコンを拍子木切りにし、下ゆでする。ゴボウをささがきにする。
❸鍋に濾した①のゆで汁適量を張って火にかけ、塩で調味する。
❹①の鶏、②を入れて温め、すりおろしたショウガとワサビを添える。

女将のおすすめ

東京都の八丈島で造られる麦焼酎の「情け嶋 麦」（八丈興発）をすすめます。すっきりさわやかな風味なので、さっぱりした鶏鍋の風味を邪魔することなく味わえるでしょう。

鴨焼き

鷹狩りで食べた野趣あふれる料理です

※レシピは 112 頁

女将のおすすめ 鴨の焼き肉には、その血のような味わいを洗い流すようなフルーティーな大吟醸などの酒を冷やしてどうぞ。

鴨の卵とじ

鴨肉と鶏卵を合わせた親子丼の原形にあたります

※レシピは113頁

鴨焼き

鴨一羽をさばいて焼いたこの料理は「狩場焼き」とも呼ばれていました。その名のとおり、鷹狩りに出かけた先で獲物である鴨などを焼いて食べたことに由来する料理です。鴨肉はもちろん、その脂と肉汁を吸ったネギも欠かせません。塩をふっただけでもおいしくいただけますが、おろし醤油でさっぱり食べるのもいいでしょう。野趣あふれる料理で、当時の武家の遊びを追体験してみてはいかがでしょうか。

材料（4人分）

鴨……1羽
サラダ油……少量
鴨の団子*……2個
ネギ……2本
おろし醤油……適量

つくり方

❶鴨をさばき、ムネ肉、モモ肉、皮、肝臓、心臓、砂肝に切り分ける。端肉は取りおき、団子に使う。
❷鍋にサラダ油を引いて熱し、きざんだ鴨の皮を焼いて脂を出す。
❸②の脂を鍋にまんべんなく行きわたらせ、食べやすい大きさに切った①の鴨肉と鴨の内臓肉、鴨の団子、ややななめに筒切りにしたネギを焼いて火を通す（団子は火が通りづらいので、あらかじめオーブンなどで火を入れておく）。おろし醤油を添える。

*鴨の団子
❶鴨をさばいたときに出た端肉100gに塩0.5gを合わせ、ねばりが出るまで包丁でたたく。
❷直径3cmくらいの団子状に成形する（火を入れやすくするために平たく成形してもいい）。

親方のこぼれ話　現在の浜離宮恩賜公園（東京都中央区）にも鴨場がありました。11代将軍の家斉もここで鷹狩りを楽しんでいたようです。

鴨の卵とじ

江戸時代後期になると卵が普及し、卵とじという調理法が一般的になったようです。1700年代後半には卵料理に特化した料理書が出版されているくらいで、家庭で夫婦仲良く鴨の卵とじ鍋を楽しんでいる図版も残っています。鴨の卵とじは「親子南蛮」とも呼ばれていましたが、鶏肉ではなく鴨肉を使っていたのが興味深いですね。これは鶏肉が肉類のなかで「下」に格付けされており、「上」の食材に分類される鶏卵とは釣り合わなかったからともいわれています。

材料（2人分）

鴨のモモ肉……1／2羽分
カツオだし……200㎖
酒……100㎖
醬油……20㎖
ミリン……20㎖
ネギ……1本
卵……2個
ミツバ……適量

つくり方

❶鴨のモモ肉をひと口大に切る。
❷鍋にカツオだしを張り、酒、醬油、ミリンをくわえて沸かす。
❸別の鍋に②を張り、①を入れて火が入るまで煮る。
❹厚さ1㎝くらいのななめ切りにしたネギをくわえ、煮えたら溶いた卵を流し入れる。ミツバをちらす。

彦根藩主が贈答に使っていた品の再現です

牛の味噌漬け炙り

日本では牛を屠畜することが禁止されていたので、幕末になるまで牛肉を大っぴらに食べることはありませんでした。それでも大名連中になると別で、彦根藩の井伊家では毎年将軍家やほかの大名たちに寒中見舞いとして彦根牛の味噌漬けを薬用として贈っていました。当時のつくり方が残っているわけではありませんが、今回は酒粕を合わせた江戸甘味噌で2日ほど漬けました。適度に水分がとんで味が染みこんだ牛肉は、薬となるどころか酒のあてにぴったりです。

材料（2人分）

牛肉（肩）……200g
江戸甘味噌……100g
酒粕……50g
フキ……適量

つくり方

❶牛肉を厚さ1㎝くらいの食べやすい大きさに切りそろえる。
❷江戸甘味噌と酒粕を混ぜ合わせる。
❸容器の底に②の半量を塗ってガーゼを敷き、重ならないように①を並べる。べつのガーゼをかぶせ、残りの②を塗って密閉する。冷蔵庫に2日おく。
❹③の牛肉を軽くあぶって皿に盛る。ゆでて食べやすい大きさに切ったフキを添える

女将のおすすめ　江戸時代の終盤に食べられた牛肉には、「虎ノ門蒸留所」ブランドのワサビや山椒のジンを合わせてはいかがでしょうか。江戸から明治に移り変わった新しい時代の雰囲気を演出できるかもしれませんよ。

江戸後期に食べられた豚鍋を「煮貫き」とともに

親方のこぼれ話　はっきりしたことはわからないのですが、芝にあった薩摩藩の江戸屋敷で豚を飼育していたこともあるようです。屋敷内で屠畜し、こっそり食べていたのかもしれませんね。

豚鍋

豚肉が食用にされていたという記録はあまり残っていませんが、幕末に書かれた紀州和歌山藩の武士である酒井伴四郎の日記には豚鍋屋で酒を飲んでいるという記述があります。そのころには江戸近郊のどこかで養豚が営まれていたということでしょう。今回は味噌で調味したうえで醤油が普及する前に使われていた万能調味料「煮貫き」を添えて、江戸らしい仕立てとしました。

材料（2人分）

水……1ℓ
江戸味噌……50g
豚のロース肉……300g
豆腐……1丁
ネギ……1本
ミョウガ……1本
シュンギク……1束
煮貫き（→11頁）……適量

つくり方

❶鍋に水を張って火にかけ、江戸味噌を溶き入れる。
❷薄切りにした豚のロース肉、適宜に切った豆腐とネギ、シュンギクを入れ、肉に火が入るまで煮る。煮貫き（下写真）を添える。

女将のおすすめ
こってりした豚鍋には東京都の八丈島で造っている芋焼酎「江戸酎」を合わせましょう。麦麹を使っているのでイモの風味が強くなく、万人におすすめできます。ロック、ソーダ割り、お湯割りなどで。

「江戸酒場」の定番メニュー

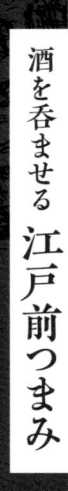

江戸時代後期の文化8年（1811年）には江戸に1808軒もの「煮売居酒屋」（居酒屋）があった。当時の江戸の人口が推定100万人なので、およそ550人に1軒の割合だ。そもそも江戸の町に居酒屋が登場したのは18世紀中ごろ。わずか50年くらいのあいだで居酒屋文化が一気に発展したことになる。

＊

当時の居酒屋では「ねぎま」（128頁）やフグの吸いもの、マグロの刺身、湯豆腐などが定番だった。客は町方の労働者や武家の奉公人などがおもだったところ。前者のなかでは振り売りや日雇いの者が多かったようだ。下級武士が町人に交じって酒を飲むこともあった。

＊

幕末になると居酒屋は多様化し、安酒専門の「中汲」、イモの煮転ばしで飲ませる「いも酒屋」、獣肉の鍋をふくめた鍋もの屋などに細分化されるようになる。それぞれの業種ごとに店を載せた格付け本も出まわり、江戸の居酒屋文化は成熟期を迎え、明治の東京に受けつがれる。

屋台の定番商品は肝も一緒に味わってください

いまも昔も変わらず、屋台や居酒屋の定番商品です。醤油を塗りながら焼くという調理法が変わっていないということは、これがいちばんおいしい食べ方ということなのでしょう。新鮮なイカなら肝も食べられるので、ひと晩塩漬けにして水分を抜き、味を凝縮させました。塩気と苦みが酒をすすませます。今回はイカと相性がいい木の芽を添えましたが、すりつぶして調味した木の芽で焼いたイカを和える料理も江戸時代の料理書に載っています。

いか焼き

※レシピは124頁

おでん

※レシピは124頁

串に刺さった当時のおでんを再現しました

江戸には「おでん」の振り売りがいて、「早い、安い、うまい」と庶民に人気でした。ここで紹介する豆腐やコンニャクをゆでて田楽味噌を塗ったもので、何種類ものたねを調味した汁で煮込む現在の形式が登場する以前のことです。豆腐を焼いて味噌を塗る「焼きおでん」というものもあり、いずれも「田楽」とも呼ばれていました。当時の豆腐はいまよりも硬く、串に刺すのに向いていたのかもしれません。また、コンニャクは脇役のような扱いになることが多い食材ですが、ちゃんとつくったコンニャクはほんとうにおいしい。当店では東京都武蔵五日市にある専門店「池谷」のものを使っています。

親方のこぼれ話 おでんの振り売りは鍋で酒の燗をつけて売っていたようです。「おでんには燗酒」というのは、このころすでにお約束の組み合わせだったのかもしれません。

いもの煮転ばし

※レシピは125頁

素材に味をまとわせる調理法は江戸ならではです

強火で転がしながら火を入れ、煮詰まった煮汁を素材にからませる調理法が「煮転ばし」です。京風の煮もののように中心まで味を入れていないので、素材の味がそのまま感じられるという長所があります。それを濃い味つけで食べる江戸・東京ならではの一品ですね。

親方のこぼれ話 江戸の居酒屋ではイモの煮転ばしをつまみとして出していました。時代がくだると煮転ばし専門の「いも酒場」と呼ばれる店も現れたようです。

酒呑みが締めに飲んだ汁は酔い覚ましに効く仕立て

おからを入れた味噌汁が「から汁」です。酔い覚ましに効くと認識されていて、遊里の近くで酔客相手に夜通し営業している居酒屋で提供されていました。おからは当時も安価な食材だったので、安居酒屋の定番商品でもあったようです。今回は二日酔いにも効くようにシジミを入れてみました。野菜なども好きなものを入れて、按配してみてください。

しじみのから汁

※レシピは125頁

酒場の定番

いか焼き

材料（1～2人分）

スルメイカ……1杯
煮切り醬油＊
肝の塩漬け＊
木の芽……各適量

つくり方

❶スルメイカを掃除し、胴体とゲソを切り離す。肝は塩漬け用に取りおく。
❷①の胴体とゲソを焼く。
❸煮切り醬油を刷毛で塗ってさらに焼く。醬油のこうばしい香りが立ってくるまで2～3度繰り返す。
❹食べやすい大きさに切って器に盛る。肝の塩漬けと木の芽を添える。

＊煮切り醬油

酒100㎖を1／5の量に煮詰めて醬油50㎖をくわえる。

＊肝の塩漬け

❶スルメイカの肝を洗って水気をきる。
❷たっぷりの塩で覆うように容器に入れ、密閉して冷蔵庫にひと晩おく。
❸酒で洗い、膜を破ってワタを取り出す。煮切ったミリンでなめらかになるまでのばし、親指大に成形する。

おでん

材料（各1串分）

豆腐（木綿）……70g
コンニャク……70g
田楽味噌（→60頁）
木の芽……各適量

つくり方

❶豆腐とコンニャクを厚さ1～2㎝の直方体に切る。
❷中心に平串を刺し、湯に浸けて温める。
❸水気をきり、表面に田楽味噌をたっぷり塗る。豆腐の串に木の芽をのせる。

いもの煮転ばし

材料（つくりやすい分量）

サトイモ……1kg
水……1ℓ
酒……500mℓ
カツオだし……500mℓ
醤油……20mℓ

つくり方

❶サトイモの皮をむいて塩（分量外）でみがいて水洗いし、ぬめりを取る。
❷鍋に水、酒、カツオだし、醤油を合わせ、切りととのえた①を入れる。やや強火で煮汁にねばり気が出るまで、転がしながら煮詰める。

しじみのから汁

材料（2人分）

シジミ……殻付きで200g
ギンナン……5個
味噌……20g
ニンジン……1本
ネギ（みじん切り）……10g
おから……90g

つくり方

❶砂抜きしたシジミをゆでて、身を取り出す。ゆで汁は取りおく。
❷ギンナンを殻から取り出してゆでる。薄皮をむいて、半割りにする。
❸鍋に①のゆで汁400mℓを張って火にかけ、味噌を溶き入れる。
❹②、いちょう切りにしたニンジンを入れて煮る。
❺野菜類に火が入ったら、①のシジミの身、ネギ、おからをくわえてさっと煮立てる。

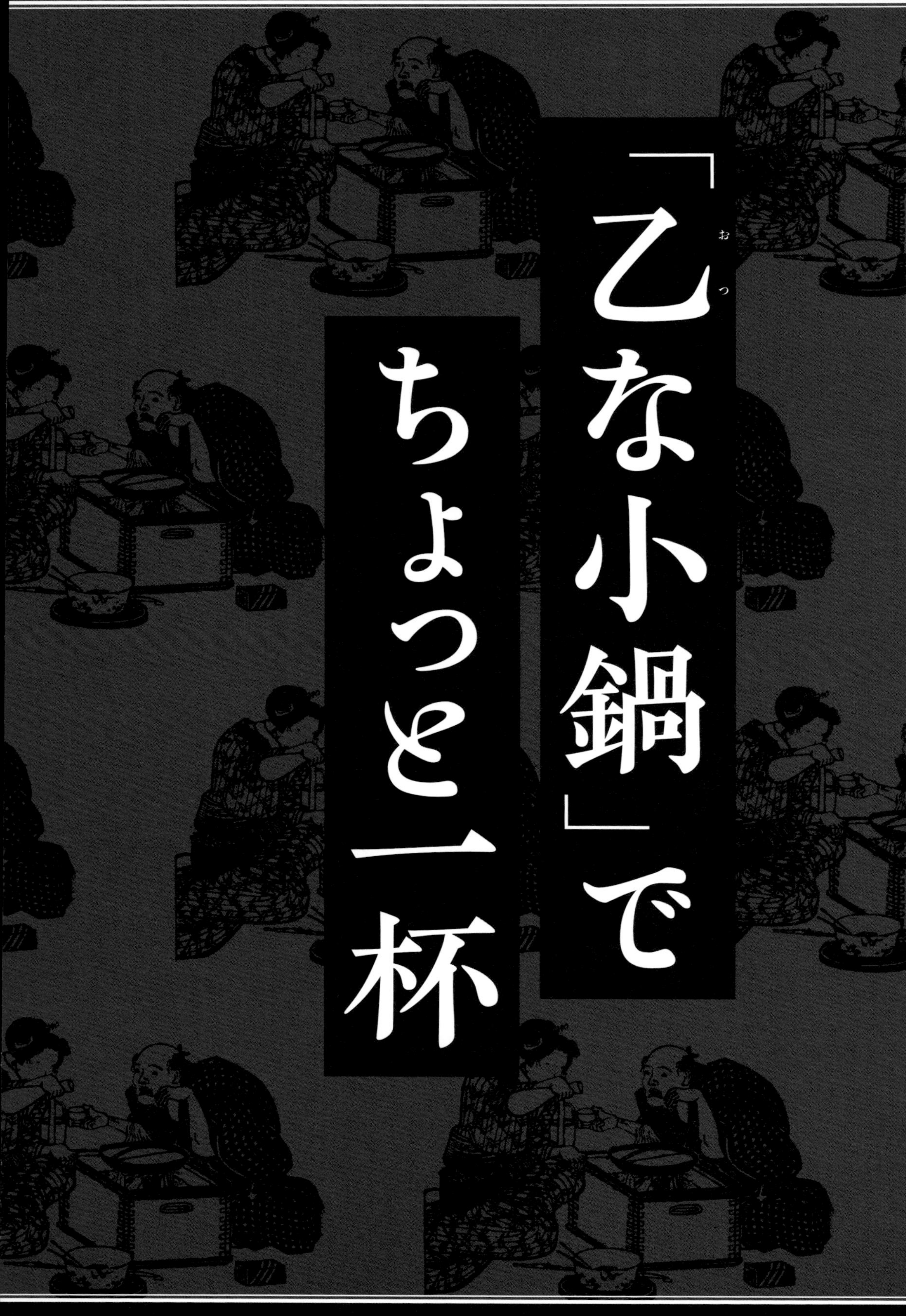

「乙《おつ》な小鍋」でちょっと一杯

安永年間（1772〜81年）のころに鋳物製の鍋が普及し、江戸では小鍋仕立てが流行した。当初は家庭で独り者や夫婦が小鍋で煮た料理をつついていたようだ。庶民の家ではこの章でも紹介するような質素な鍋を食べていたと思われる。それらは当然、晩酌のおともにもなっていた。夫婦仲睦まじく、小鍋を囲んで酒を飲み交わしている図も残っている。

＊

それが江戸時代後期になると外食店でも鍋が流行りだす。鳥獣肉食が一般化したことも相まって「鴨鍋屋」、「しゃも鍋屋」、「獣鍋屋」などが江戸の町に現れる。幕末には江戸の人々がこういった「鍋物屋」に連れ立って訪れ、鍋料理を肴に酒を飲み交わすことが一般化していたようだ。

格の低い「下魚」とされていたマグロは赤身を漬けにして食べられていて、醤油をはじく脂身（トロ）は捨てられていました。それをアラや血合いもふくめてネギと一緒に煮込んで、庶民的な居酒屋である煮売屋で出していたのが「ねぎま」です。当時は非常に下等な料理とされていたので、料理書にも登場しません。マグロは背トロの筋の硬そうなところを選ぶと、身がとろとろとほどけておいしいですね。この料理に欠かせないネギは、足立区千住で栽培されていた江戸野菜「千寿葱」を使っています。

ねぎま

材料（2人分）

カツオだし……1ℓ
酒……50mℓ
塩……5g
醤油……20mℓ
マグロの背トロ……300g
ネギ（白い部分）……1本分
シュンギク……2束
黒粒コショウ……適量

つくり方

❶鍋にカツオだしと酒を張って沸かし、塩、醤油で調味する。
❷筋に対して垂直に厚さ2㎝に切ったマグロの背トロと長さ2㎝くらいの筒切りにしたネギ、適宜に切ったシュンギクを入れて煮る。ふつふつと沸いた状態で、マグロ8分、ネギ6分、シュンギク20秒くらいが目安。くだいた黒粒コショウを添える。

親方のこぼれ話 料理書には登場しない「ねぎま」ですが、十返舎一九の『東海道中膝栗毛』では主人公の弥次喜多コンビが旅の途中で食べていたり、武州忍藩の下級武士の日記に登場したりします。

当時は捨てられていたマグロのトロを上品に味わいます

女将のおすすめ

食中酒として申し分のない「四季桜 特別本醸造 黄ぶな」をぜひ合わせてみてください。料理の邪魔をすることなく、マグロのトロの脂をすっきり流し込みます。ぬる燗〜上燗でどうぞ。

青菜の小鍋仕立て

庶民の家庭でつくられていた素朴な鍋ものです。江戸では一般的だったコマツナを使いましたが、ホウレンソウやミズナでも構いません。吉原遊郭で遊女と客が、小部屋で一緒に食べている図も残っています。つつましく夫婦生活を営んでいることを想像しながら楽しんでいたのかもしれませんね。

材料（2人分）

カツオだし……500mℓ
酒……50mℓ
醤油……50mℓ
ミリン……25mℓ
コマツナ……2〜3束
油揚げ……1枚

つくり方

❶鍋にカツオだしと酒を張って沸かし、醤油、ミリンで調味する。
❷適宜に切ったコマツナと油抜きして細切りにした油揚げを入れてさっと煮る。

親方のこぼれ話　コマツナは現在の江戸川区小松川で育てられていたことから、この名前が付いたといわれています。

江戸の庶民が日常的に食べていた素朴な鍋ものです

どじょう鍋

現在も東京では老舗のドジョウ鍋店が営業を続けていますが、江戸ではドジョウはいまよりもずっと一般的な食材でした。今回はその老舗の昔ながらのやり方も参考にさせていただき、江戸甘味噌だけで味つけした無骨な味わいに仕上げています。生きたままのドジョウを酒で締めてから、頭や骨も食べられるくらいやわらかくなるまで煮ていきます。型が大きいと頭や骨が気になるので、中くらいの大きさのドジョウを使うといいでしょう。ささがきゴボウと厚めの小口に切ったネギをドジョウの上にこんもりのせて、煮汁とともに一緒に食べてみてください。

材料（3～4人分）

活ドジョウ（中くらいのサイズ）……500g
水……1.5ℓ
江戸甘味噌……60g
酒……100㎖
ゴボウ……1本
ネギ……2～3本

つくり方

❶活ドジョウを酒（分量外）に浸けて締める。
❷鍋に水を張って火にかけ、江戸甘味噌を溶き入れる。
❸①を入れて、骨がやわらかくなるまで1時間くらい煮る。
❹③の鍋からドジョウを取り出し、煮汁を濾す。
❺④の煮汁に酒をくわえて沸かす。
❻ドジョウ鍋用の底が浅い鍋に④のドジョウを並べ、⑤の煮汁を張る。ささがきにしたゴボウ、厚めの小口切りにしたネギをたっぷりのせ、火にかける。

江戸の庶民に親しまれた素材を昔ながらの味わいで

女将のおすすめ

東京都のあきる野にある中村酒造が造る米焼酎「千代鶴」を試してみてください。1対1のお湯割りにするとアルコール感も落ち着き、湯気と一緒に立ちのぼる米の香りが楽しめますよ。

はんぺん鍋

江戸時代から続く老舗のはんぺんを使って鍋仕立てにしました。風味豊かなカツオだしが大ぶりに切った肉厚のはんぺんにたっぷり染みこみ、ふわふわの食感とともに楽しめるしみじみおいしい一品です。

材料（2人分）

カツオだし……1ℓ
酒……50㎖
醤油……30㎖
はんぺん※……1個
※「日本橋 神茂」の「手取り半ぺん」を使用
コマツナ……1束
ネギ……1／2本

つくり方

❶鍋にカツオだしと酒を張って沸かし、醤油で調味する。
❷4等分にしたはんぺん、適宜に切ったコマツナとななめ切りにしたネギを入れてさっと煮る。

親方のこぼれ話　はんぺんは江戸時代中期にはじめてつくられたとされ、当時はフカヒレを取ったあとに余ったサメの身を使っていたといいます。江戸湾には当時たくさんの種類のサメがいたようですね。

老舗の肉厚はんぺんにたっぷりだしを吸わせます

湯やっこ

いまも昔もかんたんにつくれるがゆえに、独り者の酒呑みに愛されるいわゆる「湯豆腐」です。ここでは『豆腐百珍』（158頁）にも載っている「湯やっこ」のつくり方に則りました。江戸の一般家庭ではくずは使わなかったと思いますが、入れることで冷めにくくなり、ほんのり甘さも感じられて一段とおいしくなります。醤油と好みの薬味を添えて提供してください。

材料（2人分）

水……1.5ℓ
くず粉……適量
豆腐……2丁
醤油
ネギ
カツオ節
七味トウガラシ……各適量

つくり方

❶鍋に水を張って火にかけ、湯で溶いたくず粉を流し込む。
❷適宜に切った豆腐を入れて温める。醤油、きざんだネギ、カツオ節、七味トウガラシを添える。

親方のこぼれ話　豆腐料理の呼び名として定着している「冷《ひや》やっこ」、「湯やっこ」は、武家の下僕である「奴（やっこ）」が着ていた着物の紋が四角い豆腐に似ていたところから名づけられたそうです。

くずでとろみをつけて冷めにくくした湯豆腐です

【コラム】

落語に登場する「酒と肴」

古典落語のなかには、酒と肴にまつわる噺が少なくない。真っ先に思い浮かぶのは「酢豆腐」だ。気障《きざ》な若旦那を騙して腐った豆腐を食べさせるのが噺の主旨なのだが、その前段では夏の暑い盛りに町内の若い連中が集まって酒盛りの相談をする。なかに酒屋に顔が利くのがいて酒の都合はついたものの、銭が足らなくて肴までまわらない。そこで知恵を絞った挙句、一人が「かくやの香々」に思い当たる。これは忘れられていたような糠漬けを樽の下のほうから取り出して水にさらし、細かにきざんで醤油をたらし、鰹節をかけたもの。ほかの若者たちは「それは乙だね」と感心しきり。なにはともあれ、気の合った若者同士が集まれば自然と酒盛りがはじまるというのは、今も昔も変わりないのである。

＊

続いても江戸の庶民の実生活が垣間見られる「青菜」を紹介しよう。やはり季節は夏。植木屋がお屋敷で仕事をしていたら、旦那のご相伴にあずかることになる。このときに飲むのが「柳陰《やなぎかげ》」、江戸でいう「直し」だという。「本直し」とも呼ばれたそれは、焼酎をミリンで割った飲みもの。当節すっかり見ることがなくなったが、甘みがあって女性に好まれたそうだ。この直しの合いの手として出してもらったのが、当時貴重だった氷で冷やした鯉の洗いだ。お屋敷の酒の楽しみ方や礼儀作法にすっかり感心した植木屋が家に帰ると、かみさんが鰯（＊1）を焼いて待っている……。鯉の洗いと鰯の塩焼き、直しと安酒、上品なお屋敷の女将さんとがさつな植木屋の女房。江戸時代の上流階級と庶民の格差が可笑しく描かれた名作だ。

＊

これらが夏なら、冬を代表する噺が「二番煎じ」である。寒風吹き荒れるなか、火のまわりをしていた町内の面々。ひとまわりしたところで番小屋にもどって暖を取ろうとしたところ、めいめいの

＊1 鰯→80頁

＊2 猪鍋→104頁

＊3 味噌田楽（おでん）→121頁

懐から酒が出てくる。これを燗して飲もうというわけで、考えることはみんな一緒。ところが、さらにえらい奴が出てくる。鍋を背負って猪肉とネギ、味噌を持参し、これで猪鍋（＊2）をやろうという。極寒の最中、狭い番小屋で肩を寄せ合ってこっそり食べる鍋の味は格別だっただろう。

＊

同じく冬の噺。極端な吝嗇家《りんしょくか》である味噌問屋の主《あるじ》がめずらしく外出するとあって、店の者は大はしゃぎ。番頭が音頭を取って、好きなものを誂えて酒盛りをしようということになる。刺身、寿司、鯛のお頭付き、鰻のかば焼き、うま煮……と片っ端から好物を挙げていたら、一人の者が味噌田楽（＊3）を食べたいと言い出す。曰く「横町のから屋に売っている」と。番頭が「それはから屋でなく豆腐屋だ。ふだんおからしか買いに行かせていないからな……」と呆れ、哀れみ、それならばと田楽を焼けた都度から持ってこさせる。これがとんでもない勘違いのもとになるというのが「味噌蔵」の一席だ。

＊

ここまでは町人の酒の愉しみを扱った噺だが、落語では殿様が主人公を務めることもある。有名なのが「秋刀魚（＊4）は目黒に限る」の決め台詞（？）で知られる「目黒の秋刀魚」だが、似たような噺に「ねぎまの殿様」というのもある。雪見の帰りに上野広小路を歩いていた殿様と家臣は、寒さに耐えかねて煮売屋、いまでいう大衆居酒屋に入ることに。まずは燗酒。つづいて肴を頼もうと店員に献立を聞くのだが、「吸いものはしじみ、刺身はめじで、鮟鱇がうんぬん……」などと早口でまくしたてられ、なんのことだかさっぱりわからない。そこで隣の客が食べていた「ねぎま」（＊5）を見よう見まねで注文したらおおいに気に入り、屋敷に帰ってからも煮売屋ごっこを楽しむというほのぼのした噺だ。

＊

最後は春の噺で締めくくろう。春と言えば花見、花見と言えば酒。貧乏長屋の大家が花見に行こうと店子を誘う。そのうえ酒3升と玉子焼き（＊6）、かまぼこまで都合したと聞いて一同は狂喜乱舞するが、どうも様子がおかしい。聞けば酒に見えるのは薄めた番茶、玉子焼きはたくあんで、かまぼこは大根で代用したと。それでもやけっぱちになった長屋の連中は上野の山までやってきて、「この酒は灘かね？」「いや宇治でしょう」などと言い合いながら、それなりに花見を楽しむのであった。おなじみの「長屋の花見」である。

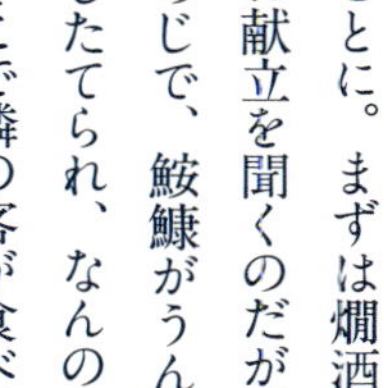
＊4　秋刀魚→48頁

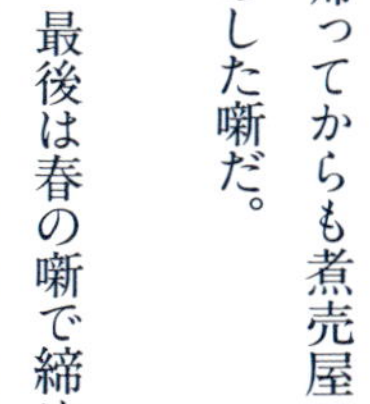
＊5　ねぎま→128頁

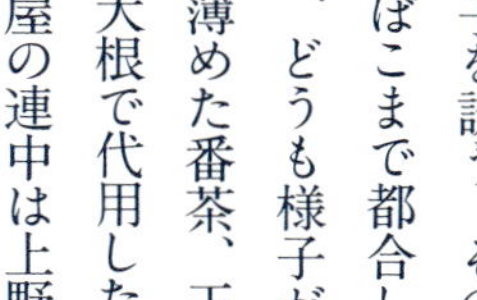
＊6　玉子焼き→142頁

常備したい「呑ませる惣菜」

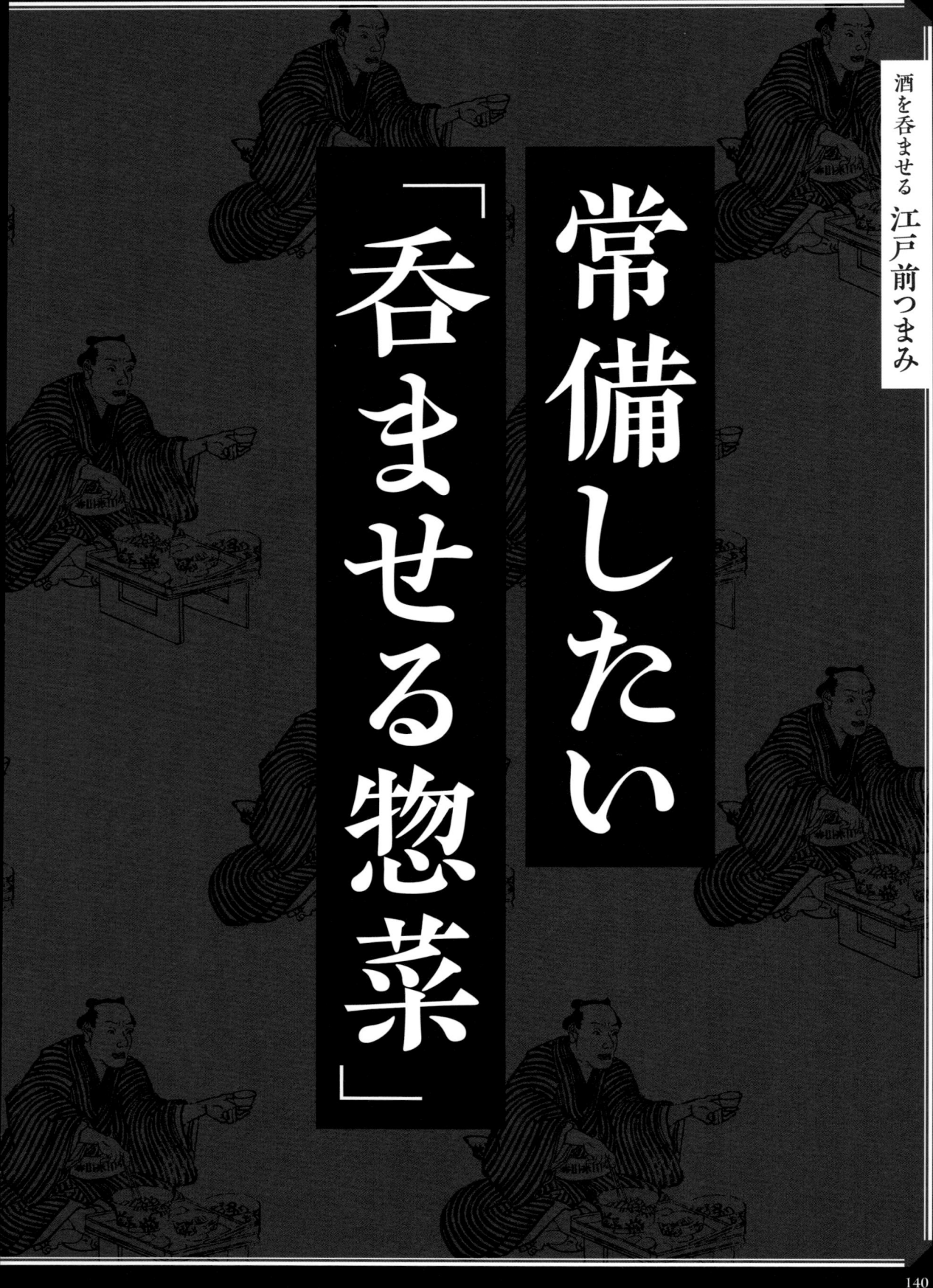

江戸は「酒呑み天国」だったといわれることがある。119頁でふれたように気軽に飲みに行ける居酒屋がたくさんあったことにくわえ、いたるところに酒屋が店を構えていて、金さえあればいつでも酒を買えたからである。18世紀中ごろの資料によると、およそ2000軒もの酒屋が江戸で営業していた。単純計算では1つの町に1軒、人口でいえば500人に1軒の割合で酒屋が存在していたことになるという。こうしためぐまれた環境のなかで、江戸では老若男女が晩酌を楽しんでいたようだ。

＊

酒の肴は、当然のことながらその家庭の暮らしむきによって大きく左右される。町人のなかでも大店の女将さんなどは、焼き魚、煮魚を主菜として、さらに小鉢を何品も並べたりしているが、これはかなり贅沢な部類だろう。零細な商売人や職人の家では、安価な材料を使ってかんたんにつくれる惣菜をつまみに酒を飲んでいたと思われる。天保年間（1830～44年）のころにつくられた「日用倹約料理仕方角力番付」（通称「おかず番付」）には、「為御菜」と題して魚類方と精進方にわけて200品以上の惣菜が載っている（本書の表紙の背景に使用）。ご飯のおかずや酒のつまみのための〝倹約料理集〟というわけだ。金がないながらも知恵を絞り、日々の食事や晩酌を楽しんでいた江戸の庶民の様子がうかがえる。

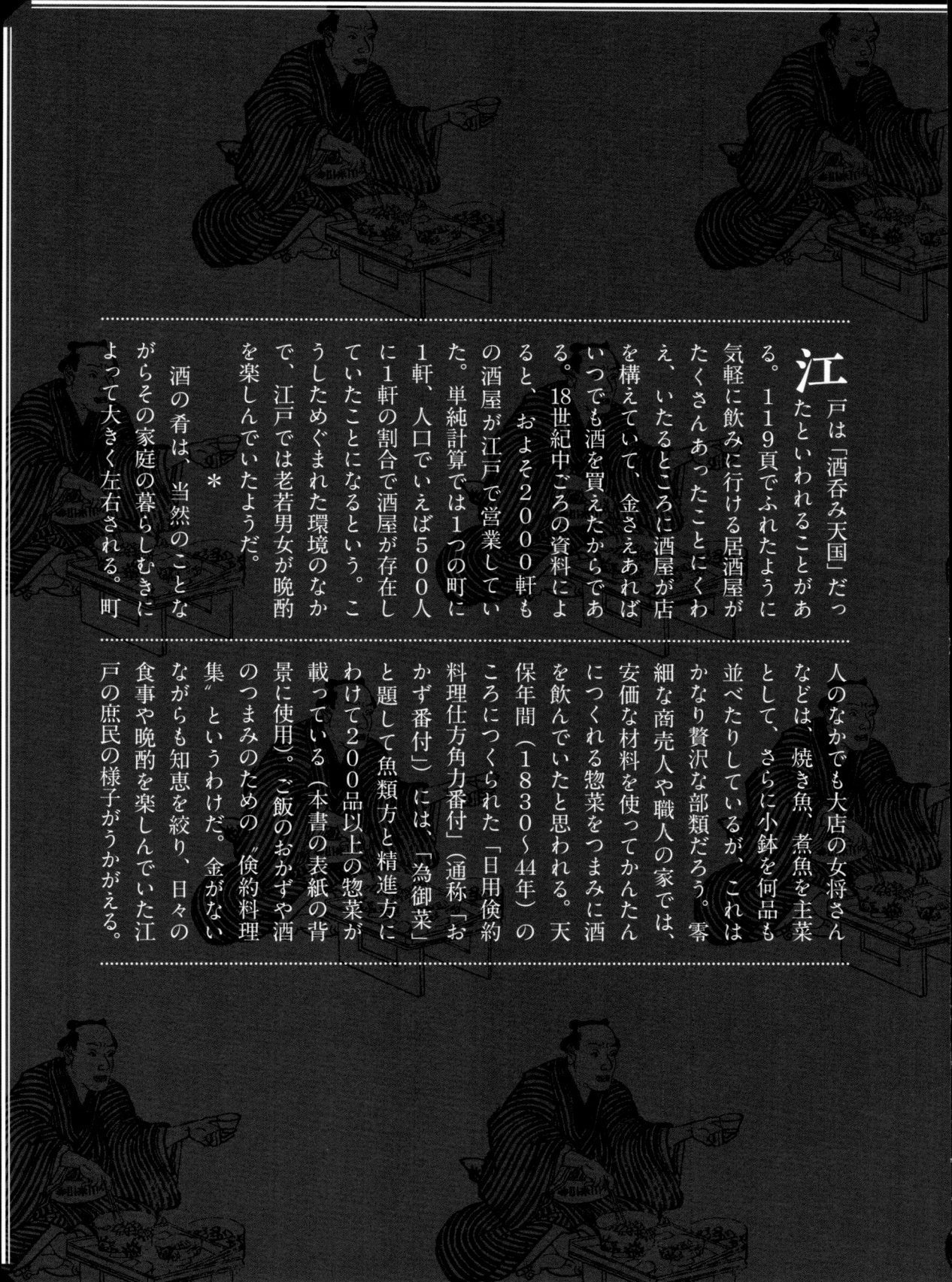

呑ませる惣菜

大量の酒を使った
香り豊かな
玉子焼きです

芝海老入り玉子焼き

※レシピは１４４頁

ゴマメをくわえて
酒に合う仕立てに

金平ごぼう
※レシピは145頁

辛口に仕上げた
江戸の定番惣菜です

油揚げ煮
※レシピは145頁

芝海老入り玉子焼き

玉子焼きにもさまざまなつくり方がありますが、この仕立ての勘どころは酒です。大量の酒を詰めて風味を凝縮させます。これを卵液に合わせ、焦げ目をつけながらしっかり焼き上げるのが江戸風なのです。今回はきざんだシバエビの身を入れていますが、シバエビを煮出した酒を卵液に合わせて香りを移す方法もありますね。いずれも酒の芳香とシバエビの風味がしっかり感じられる香り豊かな仕上がりになりますから、酒のつまみとして申し分ありません。

材料（1本分）

酒……500㎖
塩……0.5g
シバエビ（むき身）……70g
卵……6個

つくり方

❶鍋に酒を張って沸かす。塩を入れ、1／5量になるまで煮詰める。
❷シバエビをゆで、こまかくきざむ。
❸ボウルに卵を入れて溶き、①、②をくわえて混ぜ合わせる。
❹卵焼き鍋に流し、焦げ目がつくように焼く。

金平ごぼう

「金平ごぼう」にはさまざまな仕立てがありますが、これは江戸時代後期の料理書を参考にしてゴマメをくわえています。ほかにもアオヤギやアサリなどを入れれば、酒のあてにはもってこいでしょう。ウドやセリといった苦みのある野菜を合わせても、食感と風味に変化が出るのでおすすめです。酒に合うように甘みは控えていますが、ご飯のおかずとして提供するならば適宜ミリンをくわえてみてください。

材料（つくりやすい分量）

ゴボウ……1／2本
ゴマ油……適量
酒……200㎖
醤油……適量
ゴマメ（素干し）……20本
白ゴマ……5g
一味トウガラシ……適量

つくり方

❶ゴボウを長さ5〜6㎝のせん切りにする。酢水（分量外）に15分くらいさらす。水気をきる。
❷フライパンにゴマ油を熱し、①を水気がとぶまで炒める。
❸酒をくわえて、アルコールがとぶまで炒める。醤油で味をととのえる。
❹ゴマメをから煎りする。
❺容器に③、④、白ゴマを入れて混ぜ合わせて器に盛る。一味トウガラシをふる。

油揚げ煮

いまでも昔ながらの蕎麦店で提供されることがある素朴な酒のあてですね。個人的には辛口が好きなので、醤油だけで調味していますが、これも甘みがほしければミリンや砂糖をくわえてください。「おかず番付」（141頁）にも載っている江戸の定番惣菜です。

材料（2人分）

油揚げ……1枚
水……100㎖
酒……200㎖
醤油……20㎖
ネギ（白い部分）……適量

つくり方

❶油揚げに熱湯をかけ、油を抜く。幅3〜4㎝に切る。
❷鍋に水と酒を張って沸かし、醤油で調味する。
❸②に①を入れ、煮汁がなくなるまで弱火で煮る。
❹器に盛り、せん切りにしたネギを天に盛る。

呑ませる 惣菜

定番素材に
魚介を合わせた
番付の〃関脇〃です

むき身切り干し

※レシピは148頁

色鮮やかなニンジンが
白い衣によって
引き立ちます

人参白和え

※レシピは148頁

余計な具材を
くわえずに
淡麗な味わいに

ひじき煮
※レシピは149頁

東北から運ばれた乾物を
活用していました

いも干しだら
※レシピは149頁

むき身切り干し

おなじみの切り干し大根にハマグリのむき身をくわえた品です。定番の惣菜に魚介をくわえると一気に酒肴らしくなります。今回はハマグリですが、アサリを使っても構いません。前出の「おかず番付」では「関脇」に位置づけられていますから、これも人気のおかずだったのでしょう。甘みが必要ならば、ミリンをくわえて調味してみてください。

材料（つくりやすい分量）

切り干し大根……50g
酒……200㎖
ハマグリ……6個
サラダ油……少量
水……200㎖
醤油……30㎖

つくり方

❶切り干しダイコンを水でもどす。もどし汁は取りおく。
❷①のもどし汁200㎖、酒を鍋に張り、砂抜きしたハマグリを殻が開くまでゆでる。ゆで汁は取りおく。
❸鍋にサラダ油を熱し、①の切り干し大根を水分をとばしながら炒める。
❹②のゆで汁と水、醤油をくわえ、汁気がなくなるまで煮詰める。
❺殻から取り出してきざんだ②のハマグリをくわえて混ぜ合わせる。

人参白和え

江戸時代の記録には白和えという調理法が頻繁に登場します。ここでは衣の白色のなかで赤色が映える東洋種のニンジンを使いました。噛んだときにふくませただしの風味を存分に感じられるように、ニンジンは太めの拍子木切りにしています。

材料（2人分）

カツオだし……500㎖
ニンジン……1本
酒……10㎖
塩……5g
醤油……10㎖
豆腐（絹）……100g

つくり方

❶鍋にカツオだしを張って火にかけ、太めの拍子木切りにしたニンジンをやわらかくなるまで中火で煮る。
❷火からおろし、酒、塩、醤油をくわえ、3〜4時間おいて味をふくませる。
❸水気をきった豆腐を裏濾しし、塩（分量外）で調味する。
❹水気をきった②を③で和える。

ひじき煮

ヒジキの煮ものも江戸の庶民の食卓に頻繁に上がっていたようです。当店ではヒジキと相性がいいニボシのだしで煮ています。甘みは酒によってほのかに感じる程度。ほかの食材も入れず、日本酒のあてにふさわしい淡麗で引き締まった味わいに仕上げました。

材料（つくりやすい分量）

水……1ℓ
ニボシ……20g
酒……180mℓ
ヒジキ（乾燥）……50g
醤油……20mℓ
ゴマ油……1滴

つくり方

❶容器に水を張ってニボシを入れ、3時間くらいおいてから濾す。
❷鍋に①のニボシだしと酒を張って沸かす。
❸水（分量外）でもどしたヒジキをくわえ、水分がなくなるまで中火で煮詰める。醤油とゴマ油で調味する。バットに広げて粗熱をとる。

いも干しだら

京都でよく見かける料理ですが、「おかず番付」にも載っているように江戸でも食べられていたとみられます。干しダラは松前藩や盛岡藩から江戸に運ばれ、乾物店などで売られていたようです。サトイモのぬめりとタラのゼラチン質によって、それぞれがパサつかずに済むといわれていますね。

材料（つくりやすい分量）

干しダラ……200g
サトイモ……4個
酒……200mℓ
醤油
ナノハナ……各適量

つくり方

❶干しダラを5日くらいかけてもどす（水は1日に1回変える。初日は米のとぎ汁を使うとよい）。
❷食べやすい大きさに切り、湯通しする。
❸鍋に水を張り、②、皮をむいて切りととのえたサトイモを入れてやわらかくなるまで水を足しながら7〜8時間煮る。酒、醤油で調味し、さらに煮詰める。
❹粗熱をとって1日おく。器に盛り、ゆでたハノハナを添える。

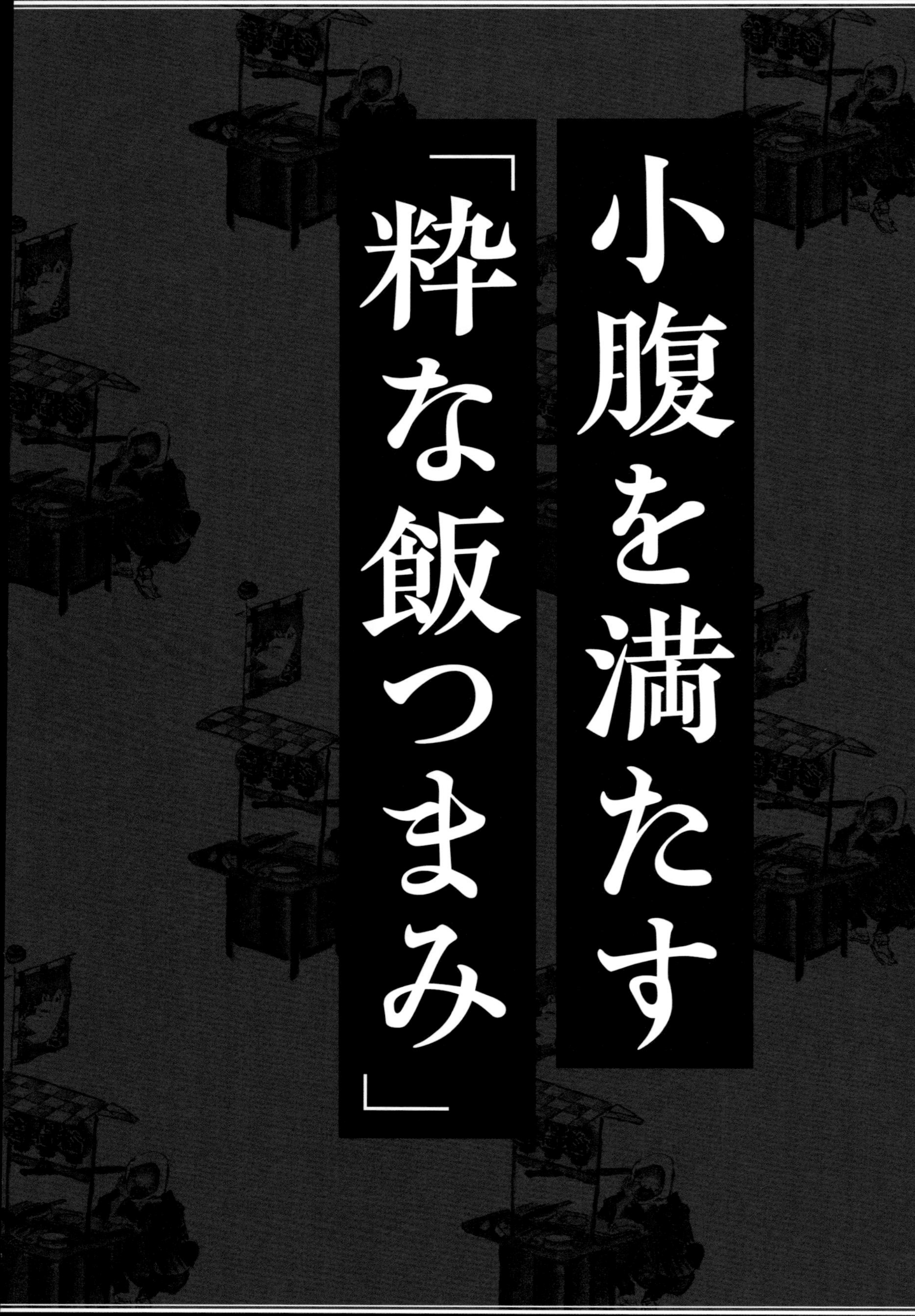

小腹を満たす「粋な飯つまみ」

享和2年（1802年）に『名飯部類』という米飯専門の料理書が刊行されている。そこには固ゆでにした卵の黄身とセリのみじん切りを合わせてだしをかけた「山吹飯」、干しダイコンを炊き込んだご飯に味噌汁をかけてとろろ昆布をのせた「干し大根飯」など、創意工夫がなされた米飯料理が150品近くも紹介されている。

＊

文化2年（1805年）の『素人庖丁』、文政6年（1823年）の『料理調法集』といった複数の料理書にも、豆、野菜、魚などを使った想像力を掻き立てられる「変わり飯」が多数掲載されている。江戸の人々は、主食であるご飯にも手をくわえて日々の食事を楽しんでいたのかもしれない。なお、先の名飯部類には「鮓《すし》」の変化形も紹介されているが、じっさいには文化年間以降、江戸の寿司はにぎり寿司に集約されていく。

鰺の山家鮓

当時は冷蔵庫がなく、魚を干して保存しており、今回はそれにならって干物を使いました。魚はなにを使っても構いませんが、当店ではマスに山菜を合わせた仕立てで提供したこともありました。干して味わいが凝縮した魚を焼いてこうばしさがくわわっていますから、ご飯との相性は抜群。日本料理店であればお凌ぎ、居酒屋であればつまみとして、あるいは締めの食事としても提供できる便利な品です。ご飯は冷めていても、炊きたてでもおいしく食べられます。

材料（2人分）

アジ……1尾（300gくらい）
ネギ……10g
ショウガ……5g
ミョウガ……1／3本
酢……100㎖
白ゴマ……10g
大葉……1枚
ご飯……200g

つくり方

❶アジを水洗いして1.5%の塩水に3時間くらい浸け、風にあてて乾かす（市販の干物を使用してもよい）。
❷完全に火が入るまで、しっかり両面を焼く。皮や骨を取り除き、身をほぐす。
❸ネギ、ショウガ、ミョウガをせん切りにする。②と一緒に酢で洗い、酢は取りおく。
❹ボウルに③のアジ、ネギ、ショウガ、ミョウガを合わせて混ぜる。
❺好みの量の③の酢と白ゴマをくわえて混ぜ合わせる。
❻きざんだ大葉とご飯をくわえて混ぜ合わせる。

干物を使った鮓は
締めにもお凌ぎにも
適しています

シバエビの風味が香る
〝元祖〟の鉄火飯です

鉄火鮓

シバエビのそぼろをご飯の上にのせたものが、この鉄火鮓。「鉄火」といえばマグロの印象が強いですが、こちらのほうが古くから存在するようです。シバエビを「そぼろにする＝くずす」というところから、身を持ちくずす鉄火（博徒）と命名されたという説もあります。シバエビと酢の風味が合わさった芳香が酒をすすませる秀逸な〝飯つまみ〟です。

材料（2人分）
水
酒…各適量
シバエビ（むき身）…70g
白ゴマ
塩…各適量
酢飯＊…300g

つくり方
❶鍋に水と酒を張って火にかけ、シバエビをゆでる。
❷ボウルに①のシバエビ、白ゴマ、塩を合わせて混ぜる。
❸器に酢飯をよそい、②をかける。

＊酢飯
❶コメ1合を水200㎖で炊く。
❷すし桶に移し、1gの塩をくわえた赤酢30㎖をまわし入れてしゃもじで切るように混ぜる。
❸適量の煎りゴマをくわえて、さらに混ぜる。

親方のこぼれ話　当時の酢飯には赤酢が用いられていました。酒粕が原料である赤酢が米酢よりも安価だったため、好んで使われていたのでしょう。

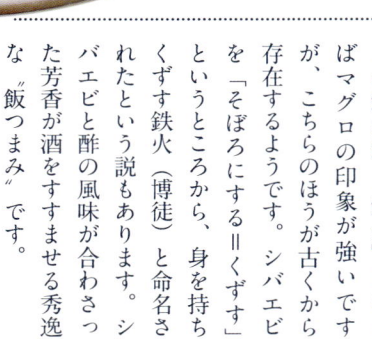

鯛の香物鮓

タイを塩締めして保存性を高めた
酒のあてになる一品です

前出の通称『鯛百珍』に載っていた料理です。おそらく冷蔵庫がない時代にタイを保存するために考案されたのでしょう。さっぱりと食べられますから酒との相性もよく、日本料理店であれば献立序盤のお凌ぎとして出すのもいいと思います。

材料（2人分）

コダイ……1尾
タクアン……20g
ショウガ……5g
酢飯（→154頁）……200g
ミツバ……適量

つくり方

❶コダイを三枚におろし、塩（分量外）をふる。冷蔵庫に2時間くらいおき、水分をふき取る。
❷酢（分量外）で洗い、水分をふき取る。そぎ切りにする。
❸タクアンを水で洗い、水分をふき取る。薄切りにする。
❹ショウガをせん切りにし、水にさらす。絞って水をきる。
❺ボウルに酢飯、②、③、④を合わせて混ぜる。布でくるみ、重しをのせて1時間くらいおく。
❻器に盛り、きざんだミツバをちらす。

そばの実粥

見た目も味も素朴な料理ですが、質のいいソバを使えばこれで十分おいしく味わえます。ソバの実をゆでる際にカツオだしや鶏だしを使ってうま味をくわえてもいいでしょう。当店では新ソバが出てくる秋になると、相性のいい地鶏の焼きものと一緒にお出しししています。

材料（2人分）
ソバの実……50g
塩
割り山椒……各適量

つくり方
❶ソバの実を2回ゆでこぼす。あらためて水からゆで、塩で調味する。
❷器に盛り、割り山椒をのせる。

ソバの香りを楽しむ
素朴な飯つまみです

江戸時代末期に流行った稲荷を
酒に合う調味で

稲荷

稲荷寿司は江戸時代末期の1840年ごろに大流行したという記録が残っています。深川に専門店がたくさんあったようですね。今回はもっとも基本的なつくり方を紹介しましたが、当時は酢飯にきざんだキクラゲや山椒、根菜などをくわえた具だくさんのものが好まれていました。油揚げの調味は酒のつまみ向けに甘みを抑えていますが、好みでミリンをくわえてみてください。

材料(10個分)

カツオだし……100㎖
酒……200㎖
醤油……20㎖
油揚げ……5枚
酢飯(→154頁)……250g

つくり方

❶鍋にカツオだしと酒を合わせて沸かし、醤油で調味する。
❷油抜きして半分に切った油揚げを入れて中火で10分くらい煮る。火を止めて煮汁をふくませる。

❸②に酢飯を詰めて形をととのえる。

『豆腐百珍』に見る 江戸流「豆腐料理アラカルト」

『豆腐百珍』は天明2年(1782年)に刊行された豆腐料理の献立集。著者は「醒狂道人何必醇」とされている。好評だったためつぎの年に『豆腐百珍続編』、のちに『豆腐百珍余禄』も出版された。3冊と続編の付録もふくめると、料理の数は278品を数える。本章ではそのうちのごく一部を紹介している。原典には詳細なつくり方が記されていないので、福田浩・杉本伸子・松藤庄平著『豆腐百珍』(新潮社)、福田浩著『現代語訳 豆腐百珍』(中公文庫)などを参考に、適宜独自の解釈をくわえた。

八杯豆腐

調味しただしで豆腐を温めるだけの本当に単純な料理ですが、再三登場する「おかず番付」における堂々の「精進方・大関」がこの「八杯豆腐」です。『豆腐百珍』の原典にはすくい豆腐を用いた「真の八杯豆腐」も載っています。カツオ節をふりかけたり、おろし醤油と一緒に食べたりすることもあったようです。ちなみに「八杯」は、水（だし）が6杯、酒と醤油が1杯ずつの計8杯というところから名付けられているという説が有力とされています。

材料（2人分）

カツオだし……600㎖
酒……100㎖
醤油……100㎖
豆腐（絹）……1丁

つくり方

❶鍋にカツオだし、酒を張って沸かす。醤油で調味する。
❷拍子木切りにした豆腐を入れて温める。

親方のこぼれ話　江戸では朝にまとめてその日に食べるぶんのご飯を炊いていました。夕飯は冷めたご飯に「八杯豆腐」のような温かいおかずをかけて食べていたのではないかと想像できます。

「おかず番付」の〝大関〟は簡素な豆腐料理でした

玲瓏《こおり》豆腐

見た目にも美しいこの料理は、寒天を豆腐と同じ硬さに仕上げるのが肝要です。原典にならって酢醤油を添えれば前菜としてお出しできます。1品目に提供すれば、気の利いた献立の端緒になるのではないでしょうか。今回のように甘味として食べてもらうことを想定して黒蜜を添えてもいいでしょう。なお、原典には煮溶かした寒天で豆腐を煮るとありますが、寒天に豆腐の風味が移ってしまうのでおすすめしません。

材料（つくりやすい分量）

寒天……7g
水……1ℓ
豆腐（絹）……1丁
黒蜜／酢醤油……各適量

つくり方

❶寒天を水（分量外）でもどす。水をきる。
❷水を張った鍋に入れ、かき混ぜながら1割くらい煮詰める。粗熱をとる。
❸豆腐を厚さ2㎝程度の三角形に切り2ヵ所の頂点を落とす（切り方は好みでよい）。水気をしっかりきる。
❹③を流し箱（型）に入れ、②を静かに流しこむ。冷蔵庫で冷やし固める。
❺1人分を切り分けて器に盛り、黒蜜、または酢醤油を添える。

洗練された佇まいが目を引く一品です

濃《こく》醤《しょう》豆腐

濃醤は濃いめの味噌汁のことです。コイを使った「鯉こく」がことに有名ですね。この料理は豆腐に味噌味のだしを吸わせているので、酒のつまみにもってこいです。山椒を添えて、香りに変化をつけてもいいでしょう。豆腐は絹でも木綿でも好みのほうを使ってください。

材料（2人分）

カツオだし……1ℓ
江戸味噌……100g
豆腐……1丁
カツオ節……適量

つくり方

❶鍋にカツオだしを張って火にかけ、江戸味噌を溶き入れる。
❷豆腐を入れ、中火で10分間煮たら火を止めて冷ます。再度、中火で10分間煮る。
❸②の工程を何度か繰り返し、水分が1／10くらいになるまで煮詰める。
❹器に盛り、天にカツオ節を盛る。

味噌が染みこんだ豆腐はそれだけで酒のつまみになります

豆腐粥

豆腐を米粒に見立てた特異な料理です。豆腐を5㎜角に切るのは根気を要する作業であるいっぽう、見た目が美しいので訴求力はあると思います。もとのつくり方では豆腐をお湯で温めるのですが、うま味の要素をくわえるためにカツオだしを用いて、塩と醬油で最低限の調味をしています。

材料（2人分）

豆腐（木綿）……1丁
カツオだし……400㎖
塩……3g
醬油……1滴
くず粉
青ユズの皮……各適量

つくり方

❶豆腐を5㎜角に切る。細かいくずを除くために水を張ったボウルに入れ、粗めの濾し器ですくい取る。
❷鍋にカツオだしを張って温め、塩、醬油で調味する。くず粉を溶いてくわえ、とろみをつける。
❸①の豆腐を入れて温める。
❹器に盛り、青ユズの皮をのせる。

豆腐を米に見立てるためには根気が必要です

煮抜き豆腐

豆腐を長時間にわたり、「ス」が立ってくるまで煮抜いているから「煮抜き豆腐」。一般的には豆腐の煮すぎはよくないとされますが、ここまで長時間煮るとだしの味が豆腐と一体化してべつの魅力が出てきますね。今回は精進仕様で水から煮ていますが。豆腐は木綿でも構いません。カツオだしで煮る方法もあります。仕上げに山椒をのせてもいいでしょう。

材料（2人分）

豆腐（絹）……1丁
酒……200㎖
醤油……20㎖

つくり方

❶鍋に豆腐がかぶるくらいに水を張り、適宜に切った豆腐を入れて火にかける。酒、醤油をくわえて調味する。
❷煮汁が減ってきたら、豆腐が乾かないように水を足しながら弱火で7～8時間煮る。

長時間煮ることで豆腐と煮汁が一体化します

雷《かみなり》豆腐

「雷」というのは、炒めているときの音に由来しているようです。『豆腐百珍』が刊行された18世紀後半には鉄鍋が普及し、江戸でも炒めものがつくられていたということなのでしょう。印象に残る料理名なので、当店でも人気がありますね。豆腐とネギを炒め合わせて醤油で調味していますから、酒だけでなくてご飯にも合う。生のワサビのせん切りをのせるところも、香りと食感、色味という点で気が利いています。

材料（2人分）

豆腐（木綿）……1丁
サラダ油……適量
ネギ……1本
酒……90㎖
醤油……20㎖
煎りゴマ
ワサビ……各適量

つくり方

❶豆腐の水をきる。手でもんでひと口大にくずす。
❷鍋にサラダ油を熱し、ななめ切りにしたネギを中火で炒める。
❸ネギの水分がなくなったら、①をくわえて水分をとばしながら炒める。
❹水気がなくなったら酒、醤油を入れて豆腐にからめる。煎りゴマをくわえて混ぜ合わせる。
❺器に盛り、ワサビのせん切りをのせる。

江戸後期にはすでに豆腐を炒めた料理がありました

【対談】
元「なべ家」福田 浩氏と著者が語り合う

江戸前料理 よもやま話

福田 浩（ふくだ・ひろし）
1935年東京都生まれ。江戸前料理の店として名を馳せた「なべ家」の元店主。大学卒業後、永田町にあった料理店「三到」で修業。その後、大塚の「なべ家」を父親から引き継ぎ、2016年に閉店するまで厨房に立つ。家業のかたわら江戸時代の料理書の研究や江戸で食べられていた料理の再現に力を注いだ。『江戸料理百選』（2001年社）、『料理いろは庖丁』（柴田書店）、『完本 大江戸料理帖』、『豆腐百珍』（以上、新潮社）など、共著をふくめて著書多数。

江戸前料理の看板

海原　ほんとうは「なべ家」さんで修業させていただきたかったんです。

福田　そうでしたね。海原さんから申し出があったときは、あいにく人が足りていたんですよ。

海原　はい。私は「なべ家」での食事ではじめて江戸前料理に触れました。福田先生はそもそも、どういった経緯で江戸前料理を前面に打ち出すようになられたのでしょうか？

福田　僕は大塚で生まれ育ちました。親から店を継ぐときに、都心から離れた大塚の店にどうやったらお客さんが来てくれるかと考えたんですね。そのときに、銀座あたりで出しているようなきれいな料理ではなく、昔から東京に住んでいる人が素直においしいと思えるような料理をやろうと思ったわけです。

海原　それで店名に「江戸前料理」という言葉をくわえたのですね。

福田　いまから60年くらい前でしょうか。おやじは嫌がっていましたよ。東京で店をやっているのだから、そんなことをわざわざ店名でいわなくてもわかるだろうと。でも、当時すでに東京でも関西からやってきた、もしくは関西風の料理を出す料理屋が多かったので、あえて看板に掲げたわけです。

海原　そうだったのですね。

福田　海原さんの店が移転するときにも、東京で店をやっているのだから看板に「江戸前」という言葉を掲げることをすすめましたよね。

海原　はい、そのとおりにさせていただきました。ほんとうに恐れ多く、ありがたいことです。

東京の料理屋

海原　江戸前料理が廃れてしまった原因は、関東大震災の影響なのでしょうか？

福田　いちばんの理由はそうでしょうね。東京の料理屋が軒並みつぶれてしまって、そこに関西の料理店が入ってきたようです。それから関西系が優勢になりました。古くから続く店もふくめていまの東京で「江戸の味」、「東京の味」を謳っている料理屋は、少ないんじゃないでしょうか。

海原　椀もの、造り、焼きもの、煮もの、ご飯、甘味といった多数の品を取りそろえる料理店ほどは手がかからない天ぷらや寿司、うなぎの専門店に関しては、「江戸前」を打ち出している店がいまも東京にありますが。

福田　そうですね。

海原　先生の修業先は江戸・東京に起源がある店だったわけですね。

福田　ええ、僕は永田町にあった「三到」という店で修業をしました。当時すでにめずらしかった正座をして刺身を引いたりする「坐《すわ》り板《いた》」と呼ばれる調理場でしたね。みんな素足か足袋や靴下を履いて仕事をしていましたよ。明治時代のころまでは、東京ではそれが普通だったようです。いっぽうで関西の料理屋の調理場は水が流せるように土間になっていて、高下駄を履いて仕事をしていたといいます。

海原　東京と関西ではしきたりがちがうのはおもしろいですね。包丁はどのようなものが使われていましたか？

福田　それはいまと変わらなかったと思います。蛸引き、柳刃、出刃といったものです。ただ、「三到」ではお客さんが玄関に入ってきてからだしを引いていましたね。引き立てのだしでお椀を出すというのが、その店の流儀でした。そんなことをやっている店も、いまは少ないでしょう。修業の身だったのでくわしいことは聞けませんでしたが、「三到」の主人は、もともと柳橋の料亭「柳光亭」の板前だったんじゃないかと思います。

海原　その方が先生の「親方」ということになるんですね。

福田　いや、それよりも僕の母親の実家が浅草橋の「宝来屋」という料理屋で、おやじもそこで働いていました。「なべ家」で出していた「蓬莱鍋」もそこから名前を取っています。

海原　では、そちらが先生の原点というか……。

福田　そうともいえます。「宝来屋」は、どちらかといえば気取らない店でしてね。格式ばった関西の店とはちがって、東京の料理屋はそういうものなんです。「なべ家」という屋号だって料理屋らしくないでしょう。

海原　たしかにそうですね。もとは鍋専門だったのでしょうか？

福田　いえ、はじめから椀、刺し、焼きものなども出す店でしたよ。

海原　お父さまのご出身はどちらなのですか？

福田　能登の羽咋《はくい》というところです。東京に出てきて浅草のすき焼き屋で働き、そのあとに「宝来屋」に行ったみたいです。

海原　「なべ家」では一緒に厨房に立たれていましたよね。

福田　そうでした。僕がいうのも変ですが、おやじは仕事がきれいでしたね。

海原　それは先生のお父さまですからね（笑）。ということは、先生はお父さまに仕込まれたということで……。

福田　というよりも、見よう見まねです。横で見ながら、おやじのつくる料理を学びました。それが「なべ家」で出してきた料理の原形です。

海原　お父さまがお母さまと一緒に「宝来屋」から独立されて、その料理を「なべ家」で引き継がれたということですね。

福田　とはいっても、昔はどこの店でも懇切丁寧に教えることはしませんでしたから。調理場で親方や先輩から技を盗むことで、江戸の味がほうぼうの店に受け継がれてきたということなんですよ。

江戸前料理とは

海原　先生は江戸前料理をどのように解釈されていますか？　私は「なべ家」で女将さんに「江戸前料理は、カツオだし一本なのよ」といわれたことが衝撃的でした。それまではだしには昆布を使うのが当たり前だと思っていたのですが、いまではカツオだしが江戸前料理に欠かせないものだととらえています。

福田　たしかに江戸のだしはカツオのみですね。

海原　カツオだしを使うことで、調味も変わってきます。この本でもおもに酒、醤油、味噌で調味しています。これは味の土台に力強いカツオだしがあるから成り立つものです。ちなみに、私の味の好みの問題でもあるのですが、江戸時代には貴重品だった砂糖もいっさい用いていません。

福田　そうですか。酒に関しては、「なべ家」でも調味に相当の量を使っていました。一度、あまりに酒の減り方が早いので税務署から指摘されたこともありますよ（笑）。

海原　それに関しては、東京の水がよくなかったので、酒でだしを引いていたというようなお話を以前うかがいましたね。

福田　「江戸前料理」の解釈という点については、僕は東京で生まれ育った料理人が東京で出す料理であれば、それは「江戸前」であるというふうに考えています。というよりも、それくらいのことしかいえないですね。昔は江戸前の魚を使わないといけないというような考えもありましたが、いまは日本中から素材を仕入れられます。

海原　いっぽうで、江戸時代の料理を長年研究されていました。

福田　昭和49年（1974年）に川上行藏さんという食物史や栄養学の先生が「料理書原典研究会」という勉強会を立ち上げて、僕もお邪魔していました。『料理物語』などの江戸時代の料理書をテキストに用いて、講義してくださったんです。

海原　そこに載っている料理をじっさいにつくられたわけですね。

福田　そういうことです。これならできそうだなというものをつくっては、お客さんにお出ししていました。それでお客さんの「おいしい、まずい」、「甘い、辛い」といったご意見を聞いて加減していったのです。料理人がいい気になってつくったところで、おいしいかどうかを判断するのはお客さんですから。

海原　ほんとうにおっしゃるとおりです。私も先生をはじめとする先人の皆さま方やお越しいただけるお客さまのおかげで、自分なりの江戸前料理をつくることができています。

福田　それでいいわけです。料理は流行りものであって、少しずつ変わっていきます。今日と明日は変わらないかもしれませんが、10年、20年と経てば変わっていく。大事なのは変えるところは変えて、変えないところは変えないということじゃないでしょうか。

海原　肝に銘じます。

福田　さきほどいったように、江戸前を謳った料理屋はそんなにはありません。だから、海原さんには期待していますよ。

海原　ありがとうございます。江戸前料理の魅力を広く伝えるために、よりいっそう頑張らないといけないと思っています。

（敬称略）

――本書に掲載している料理や文章は、以下の文献を参考にさせていただきました。
江戸時代の料理書については吉井始子（編・著）『翻刻 江戸時代料理本集成』全10巻＋別巻（臨川書店、２００７年）を参照しています。

青木直己『幕末単身赴任 下級武士の食日記 増補版』ちくま文庫、２０１６年
『江戸 うまいもの歳時記』文春文庫、２０２１年
飯野亮一『居酒屋の誕生』ちくま学芸文庫、２０１４年
『すし 天ぷら 蕎麦 うなぎ』ちくま学芸文庫、２０１６年
『天丼 かつ丼 牛丼 うな丼 親子丼』ちくま学芸文庫、２０１９年
『晩酌の誕生』ちくま学芸文庫、２０２３年
何必醇、福田浩（訳）『現代語訳 豆腐百珍』中公文庫、２０２４年
高橋幹夫『江戸あじわい図譜』ちくま文庫、２００３年
冨岡一成『江戸前魚食大全』草思社、２０１６年
野村圭佑『江戸の自然誌「武江産物志」を読む』丸善出版、２０１６年
原田信男（編）『江戸の料理と食生活』小学館、２００４年
福田浩、松下幸子『料理いろは包丁』柴田書店、１９９４年
福田浩、松藤庄平『完本 大江戸料理帖』新潮社、２００６年
福田浩、杉本伸子、松藤庄平『豆腐百珍』新潮社、２００８年
松下幸子『図説 江戸料理事典』柏書房、１９９６年
『江戸料理読本』ちくま学芸文庫、２０１２年
『江戸 食の歳時記』ちくま学芸文庫、２０２２年
本山荻舟『飲食事典』平凡社、１９５８年

本文中の挿絵
120、125、142頁 国芳『化皮太皷伝 6巻』、山口屋藤兵衛（国立国会図書館デジタルコレクション）
123頁 豊国『糸瓜皮歌袋 2巻』、西村屋与八（国立国会図書館デジタルコレクション）
153頁 国芳『朧月猫草紙 初編、弐編』、山本平吉（国立国会図書館デジタルコレクション）
156頁 豊国『文盲先生珍学問 3巻』（国立国会図書館デジタルコレクション）

海原大（かいばら・ひろし）

1979年東京・品川生まれ。イタリア料理店でアルバイトをしたことがきっかけで料理の道に入る。「日影茶屋」、「心米」などの日本料理店で働くうちに江戸・東京の料理に興味をもち、2016年1月に江戸湾で獲れたシバエビやキスに特化した料理店「芝 太華」を東京・芝に開業。21年6月に近くの場所に移転し、「江戸前芝浜」として再出発した。現在も元「なべ家」主人の福田浩氏、料理史研究家の飯野亮一氏らに教えを受けながら江戸時代の文献をひもとき、江戸前料理の研究を続けている。

江戸前 芝浜
東京都港区芝二-二三-一三
冨味ビル一階
〇三-三四五三-六八八八

旬《しゅん》の素材《そざい》と簡素《かんそ》な調味《ちょうみ》

酒《さけ》を呑《の》ませる江戸前《えどまえ》つまみ

二〇二五年三月二十五日 初版第一刷発行

著者 海原大
発行者 津田淳子
発行所 株式会社グラフィック社
〒一〇二-〇〇七三 東京都千代田区九段北一-一四-一七
電話 〇三-三二六三-四三一八(代表) 〇三-三二六三-四五七九(編集)
ファックス 〇三-三二六三-五二九七
https://www.graphicsha.co.jp

印刷・製本 TOPPANクロレ株式会社

ISBN978-4-7661-3981-5 C2077